Moderner Deutschkurs

Book 1
Wir fangen an

Edited by
Donald F. Macgregor
and
Alexander Mackenzie
Madras College, St Andrews

CHAMBERS
EDINBURGH

Drawings by Ingrid Lamby

This edition
© Eie Ericsson, Christian Eisenberg,
AB Läromedelsförlagen, Stockholm
and W & R Chambers, Edinburgh, 1970

Fourth impression 1977

ISBN 0 550 78521 3

Printed and bound in Great Britain by
Morrison & Gibb Ltd., London and Edinburgh

Foreword

This book is one part of the four-volume *Moderner Deutschkurs*, the titles of which are *Wir Fangen An, Die Sondermarke, Wir Gehen Weiter* and *Wir Sind Soweit*. It is an adaptation for English-speaking pupils of the successful *Fünf-Länder Kurs* which first appeared in Sweden, and is now used in several other European countries. The aim of this course is to make the pupil competent in the basic linguistic skills of understanding, speaking, reading and writing German. Although it was originally designed for pupils taking German as a first foreign language, those studying it as a second foreign language will also find it well suited to their needs. The four books together cover the groundwork for the O-level or O-grade examinations.

It has long been felt that the material available in the traditional German course is largely out of date and of only limited relevance to the situations of modern life. A secondary, though equally important aim of this course is to prepare the pupil for his first visit to Germany, for the moment when he has to make purchases, order a meal or cope with officialdom: in short, to provide the pupil with a course which contains information relevant to the practical aspects of German life, and which will hold his interest for this very reason. To this end the vocabulary remains modern and wide-ranging; and the illustrations that accompany the text provide a useful point of departure for oral work. The texts incorporate the speech-rhythms of modern spoken German, and the vocabulary and idioms recur frequently, to make for comparative ease of assimilation and revision.

At the same time the necessity for detailed grammatical

material and the opportunity for practice in linguistic skills have not been entirely neglected. The four Übungs-hefte, each one geared to one of the main course books, cover in detail the basic grammar of German. There is a wide selection of exercises, and particular emphasis has been placed on constant revision of material already covered. In this way the pupil's confidence in his ability to manipulate the language correctly should increase as he progresses through the course.

It must be clearly stated that the reading lessons are to be thought of as a means of introducing the pupil to a lively text which is enjoyable in itself. It has not been written exclusively to illustrate particular points of grammar or construction—the exercises in the Übungshefte are intended to cover that aspect of the work thoroughly enough.

The fourth volume is a mixture of original material and of simple extracts from modern German authors. It is intended by this means to bring the pupils into a closer contact with German life and culture.

The present editors wish to acknowledge their debt to Mr Ian M. Hendry (formerly of Madras College and now Rector of Dunoon Grammar School, Argyll) without whom the work would never have begun; also to our German assistants Frau Ursula Wagner, Fräulein Gerlinde Gebhard and Herr Peter Ott, who were kind enough to help with the revised text and exercises.

Donald F. Macgregor
Alexander Mackenzie

January 1970   Madras College, St Andrews

Contents

ein Ball

— Ist das **ein Ball**? — Ja, das ist **ein Ball**.

— Ist das **ein Stuhl**? — Ja, das ist **ein Stuhl**.

— Ist das **ein Stuhl**? — Nein, das ist **kein** Stuhl.
Das ist **ein** Tisch.

— Ist das ein Schrank?

— Ja, das ist ein Schrank.
— Nein, das ist kein Schrank.

— Was ist das?

— Ist das . . .

— Das ist . . .

ein Schrank?

ein Teppich?

ein Kopf.

ein Mund.

ein Sessel?

ein Kugelschreiber?

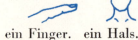
ein Finger.

ein Hals.

ein Fussboden?

ein Stundenplan?

ein Arm.

ein Fuss.

---

mein my   **dein** your

— Ist das dein Ball?   — Ja, das ist mein Ball.
— Nein, das ist nicht mein Ball.
Das ist dein Ball.

— Wessen Ball ist das?   — Das ist mein Ball.
— Das ist dein Ball.

Das ist **mein** Hut. **Mein** Hut ist klein.
Das ist **dein** Hut. **Dein** Hut ist gross.
Das ist Augusts Hut. **Sein** Hut ist alt.
Das ist Erikas Hut. **Ihr** Hut ist neu.

der Lehrer

Ein Ball 1

Ein Lehrer kommt ins Klassenzimmer.
Da liegt ein Ball.

Der Lehrer fragt:

— Ist das ein Ball?
— Ist das ein Stuhl?

— Ist das ein Ball oder
ein Stuhl?
— Was ist das?

— Ist das dein Ball?
— Ist das dein Ball oder
mein Ball?
— Wessen Ball ist das?

Karl ist fleissig und antwortet:

— Ja, das ist ein Ball.
— Nein, das ist kein Stuhl.
Das ist ein Ball.

— Das ist ein Ball.
— Das ist ein Ball.

— Ja, das ist mein Ball.

— Das ist mein Ball.
— Das ist mein Ball.

Jetzt weiss der Lehrer endlich, was ein Ball ist.

Ist Karl fleissig oder faul?

der Ball

— Ist **der** Ball blau?   — Ja, **der** Ball ist blau.

— Ist **der** Tisch blau?   — Ja, **der** Tisch ist blau.

— Ist **der** Hut gelb?   — Nein, **der** Hut ist nicht gelb.
Der Hut ist blau.

— Ist der Mann alt? — Wie ist der Mantel?
— Ja, der Mann ist alt. — Der Mantel ist dick.
— Nein, der Mann ist nicht alt.
Der Mann ist jung.

— Ist ... — Wie ist ...

der Mann...? der Vater...?

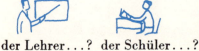

der Lehrer...? der Schüler...?

der Bruder...? der Onkel...?

der Mantel? der Anzug?

der Strumpf? der Schuh?

der Rock? der Handschuh?

alt	old	jung	young		gross	big	klein	small
müde	tired	munter	cheerful		dick	fat	dünn	thin
stark	strong	schwach	weak		sauber	clean	schmutzig	dirty
weiss	white	rot	red		blau	blue	braun	brown
schwarz	black	grün	green		gelb	yellow	grau	grey

---

welcher? which? dieser this

— **Welcher** Ball ist grau? — **Dieser** Ball ist grau.

Der Ball

In der Schule ist ein Ball. Er ist grau.

Der Lehrer fragt:

— Ist der Ball grau?
— Ist der Ball rot?

— Ist der Ball rot oder grau?
— Wie ist der Ball?
— Was ist grau?

— Welcher Ball ist grau?
— Ist **jeder** Ball grau?

— Ist mein Ball zu Hause grau?
— Frage mich!
— Nein, der Ball zu Hause ist nicht grau. Er ist blau.
— Wie ist er?
— Was ist blau?
— Welcher Ball ist blau?

Der Junge antwortet:

— Ja, der Ball ist grau.
— Nein, der Ball ist nicht rot. Er ist grau.

— Der Ball ist grau.
— Der Ball ist grau.
— Der Ball in der Schule ist grau.

— Dieser Ball ist grau.
— Nein, **jeder** Ball ist nicht grau.

— Das weiss ich nicht.

— Ist der Ball zu Hause grau?

— Er ist blau.
— Der Ball zu Hause ist blau.
— Der Ball zu Hause ist blau.

Jetzt weiss der Lehrer, welcher Ball grau ist, und welcher Ball blau ist.

Ist **jeder** Ball grau?
Wo ist der blaue Ball?

---

der Junge

5

der Ball er

— Ist der Ball rund? — Ja, **er** ist rund.

— Ist der Bleistift dünn? — Ja, **er** ist dünn.

— Ist der Korb viereckig? — Nein, **er** ist nicht viereckig. **Er** ist rund.

— Ist der Teller leer?
— Ja, er ist leer.
— Nein, er ist nicht leer. Er ist voll.

— Wie ist der Weg?
— Er ist gut.

— Ist ...

der Teller ...? der Löffel ...?

der Topf ...? der Zucker ...?

der Kaffee ...? der Tee ...?

— Wie ist ...

der Weg? der Bus?

der Baum? der Zug?

der Garten? der Wagen?

leer	empty	voll	full
billig	cheap	teuer	dear
leicht	easy	schwer	heavy
rund	round	viereckig	square

alt		neu	
gut	good	schlecht	bad
schön	lovely	hässlich	ugly
dick		dünn	

der Fussball

Hans

3

Hans ist ein Schuljunge. In der Schule ist er aber immer müde.

Auf dem Fussballplatz ist er nicht müde. Auf dem Fussballplatz ist er munter. Hans spielt sehr gern Fussball. Aufgaben macht er nicht so gern.

Nach dem Fussballspiel geht Hans nach Hause. Er ist nass und ganz schmutzig. Er muss sofort baden.

Auch der Fussball ist nass und schmutzig. Er muss aber nicht baden.

> Ist Hans
> müde oder munter?

eine Lampe

— Ist das **eine** Lampe? — Ja, das ist.**eine** Lampe.

— Ist das **eine** Zeitung? — Ja, das ist **eine** Zeitung.

— Ist das auch **eine** Zeitung? — Nein, das ist **keine** Zeitung.
Das ist **eine** Katze.

— Ist das eine Wand?
— Ja, das ist eine Wand.   — Was ist das?
— Nein, das ist keine Wand.

— Ist das ...?   — Das ist ...

eine Wand?   eine Mappe?   eine Nase.   eine Backe.

eine Wohnung?   eine Gardine?   eine Schulter.   eine Hand.

eine Decke?   eine Tür?   eine Zunge.   eine Stirn.

---

meine my   **deine** your

— Ist das deine Lampe?   — Ja, das ist meine Lampe.
— Nein, das ist nicht meine Lampe.
Das ist deine Lampe.

— Wessen Lampe ist das?   — Das ist meine Lampe.
— Das ist deine Lampe.

Das ist **meine** Mütze. **Meine** Mütze ist klein.
Das ist **deine** Mütze. **Deine** Mütze ist gross.
Das ist Augusts Mütze. **Seine** Mütze ist neu.
Das ist Erikas Mütze. **Ihre** Mütze ist alt.

Eine Lampe | 4

Eine Lehrerin ist im Klassenzimmer. Da hängt eine Lampe. Erika ist auch da. Sie ist eine Schülerin.

Die Lehrerin fragt:

Erika ist immer froh. Sie lacht und antwortet:

— Ist das eine Lampe?
— Ja, das ist eine Lampe.

— Ist das eine Zeitung?
— Nein, das ist keine Zeitung. Das ist eine Lampe.

— Ist das eine Lampe oder eine Zeitung?
— Das ist eine Lampe.

— Was ist das?
— Das ist eine Lampe.

— Ist das deine Zeitung?
— Ja, das ist meine Zeitung.

— Ist das meine oder deine Zeitung?
— Das ist meine Zeitung.

— Wessen Zeitung ist das?
— Das ist meine Zeitung.

Jetzt weiss die Lehrerin, was eine Zeitung ist.

die Lehrerin

Was ist Erika?
Ist sie immer froh?

die Lampe

— Ist **die** Lampe rot? — Ja, **die** Lampe ist rot.

— Ist **die** Katze rot? — Ja, **die** Katze ist rot.

— Ist **die** Puppe gelb? — Nein, **die** Puppe ist nicht gelb.
Die Puppe ist rot.

— Ist die Frau froh?
— Ja, die Frau ist froh.
— Nein, die Frau ist nicht froh.
Die Frau ist traurig.

— Ist . . .

die Frau. . .?   die Mutter. . .?

die Lehrerin. . .?   die Schülerin. . .?

die Schwester. . .? die Tante. . .?

— Wie ist die Jacke?
— Die Jacke ist kurz.

— Wie ist . . .

die Jacke?   die Bluse?

die Hose?   die Mütze?

die Tasche? die Armbanduhr?

---

böse	bad	lieb	dear	kurz	short	lang	long
froh	happy	traurig	sad	sauber		schmutzig	
dick		mager	thin	hart	hard	weich	soft
weiss		rot		blau		braun	
schwarz		grün		gelb		grau	

welche which   **diese** this

— **Welche** Lampe ist weiss?   — **Diese** Lampe ist weiss.

Die Lampe

Im Zimmer hängt eine Lampe. Sie ist weiss.

Die Lehrerin fragt:

— Ist die Lampe weiss?
— Ist die Lampe blau?

— Ist die Lampe weiss
  oder blau?
— Wie ist die Lampe?
— Was ist weiss?

— Welche Lampe ist weiss?
— Ist **jede** Lampe weiss?

— Ist meine Lampe zu
  Hause weiss?
— Frage mich!

— Nein, die Lampe
  zu Hause ist nicht
  weiss. Sie ist gelb.
— Wie ist sie also?
— Was ist gelb?
— Welche Lampe ist gelb?

Die Schülerin antwortet:

— Ja, die Lampe ist weiss.
— Nein, die Lampe ist nicht
  blau. Sie ist weiss.

— Die Lampe ist weiss.

— Die Lampe ist weiss.
— Die Lampe ist weiss.

— Diese Lampe ist weiss.
— Nein, **jede** Lampe ist nicht
  weiss.

— Das weiss ich nicht.
— Ist die Lampe zu Hause
  weiss?

— Sie ist gelb.
— Die Lampe zu Hause ist gelb.
— Die Lampe zu Hause ist gelb.

die Schülerin

> Wie ist deine Lampe zu Hause?
> Wo ist die weisse Lampe?

die Lampe sie

— Ist die Lampe klein? — Ja, **sie** ist klein.

— Ist die Kirche gross? — Ja, **sie** ist gross.

— Ist die Tafel rund? — Nein, **sie** ist nicht rund. **Sie** ist viereckig.

— Ist die Tasse leer?
— Ja, sie ist leer.
— Nein, sie ist nicht leer. Sie ist voll.

— Wie ist die Strasse?
— Sie ist gut.

— Ist . . .

— Wie ist . . .

die Tasse . . . ?

die Gabel . . . ?

die Strasse?

die Fähre?

die Schüssel . . . ?

die Flasche . . . ?

die Brücke?

die Strassenbahn?

die Kaffeekanne . . . ? die Butter . . . ?

die Sonne?

die Haltestelle?

---

leer	voll	alt	neu
billig	teuer	gut	schlecht
leicht	schwer	schön	hässlich
gross	klein	rund	viereckig

Erika

6

die Schallplatte

Erika ist ein Schulmädchen. Jeden Tag hat sie viele Aufgaben. Heute will sie aber keine Aufgaben machen. Sie hat nämlich eine neue Schallplatte. Die ist sehr gut, und Erika will sie gleich hören.

„Aber erst die Aufgaben!" sagt Mutter. Dann geht Mutter einkaufen. Vater ist noch nicht zu Hause. Erika ist ganz allein. Endlich kann sie die Schallplatte hören. Heute macht sie keine Aufgaben mehr.

Am nächsten Morgen sitzt sie wieder in der Schule. Sie hat Angst.

Hat Erika Angst?

ein Heft

— Ist das **ein Heft**? — Ja, das ist **ein Heft**

— Ist das **ein** Stück Papier? 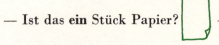 — Ja, das ist **ein** Stück Papier.

— Ist das auch **ein** Stück Papier? — Nein, das ist **kein** Papier. Das ist **ein** Boot.

— Ist das ein Radio?

— Ja, das ist ein Radio.
— Nein, das ist kein Radio.

— Ist das ...

ein Radio? ein Fenster?

ein Buch? ein Bild?

ein Zimmer? ein Sofa?

— Was ist das?

— Das ist ...

ein Auge. ein Ohr.

ein Gesicht. ein Haar.

ein Bein. ein Herz.

---

mein my   **dein** your

— Ist das dein Heft?   — Ja, das ist mein Heft.
                         — Nein, das ist nicht mein Heft. Das ist
                            dein Heft.

— Wessen Heft ist das?   — Das ist mein Heft.
                         — Das ist dein Heft.

Das ist **mein** Haar. **Mein** Haar ist kurz.
Das ist **dein** Haar. **Dein** Haar ist lang.
Das ist Augusts Haar. **Sein** Haar ist struppig.
Das ist Erikas Haar. **Ihr** Haar ist lockig.

Ein Heft

Peter ist ein kleines Kind.
Er ist drei Jahre alt und sehr neugierig.
Peter kommt in Erikas Zimmer.
Auf dem Tisch liegt ein Heft.

Das Kind fragt:

— Ist das ein Heft?
— Ist das ein Stück Papier?

Das Mädchen antwortet:

— Ja, das ist ein Heft.
— Nein, das ist kein Papier.
  Das ist ein Heft.

— Ist das ein Stück Papier oder
  ein Heft?
— Was ist das?

— Das ist ein Heft.
— Das ist ein Heft.

— Ist das dein Heft?
— Ist das dein oder mein Heft?
— Wessen Heft ist das?

— Ja, das ist mein Heft.
— Das ist mein Heft.
— Das ist mein Heft.

Das Kind fragt wie ein Lehrer.

Wie ist das Kind?

das Heft

— Ist **das** Heft grün?   — Ja, **das** Heft ist grün.

— Ist **das** Boot grün?   — Ja, **das** Boot ist grün.

— Ist **das** Paket rot?   — Nein, **das** Paket ist nicht rot. **Das** Paket ist grün.

— Ist das Kind hungrig?

— Ja, das Kind ist hungrig.

— Nein, das Kind ist nicht hungrig. Das Kind ist satt.

— Ist ...?

das Kind...?   das Mädchen...?

das Fräulein...?   das Schaf...?

das Schwein...?   das Pferd...?

— Wie ist das Hemd?

— Das Hemd ist kurz.

— Wie ist ...?

das Hemd?   das Kleid?

das Band?   das Kostüm?

das Spielzeug?   das Kissen?

faul		fleissig	
schnell	fast	langsam	slow
hungrig	hungry	satt	satisfied

gross	klein
kurz	lang
hart	weich

welches? which?   dieses this

— **Welches** Heft ist grau?   — **Dieses** Heft ist grau.

16

Das Heft

Auf dem Tisch liegt ein Heft. Es ist blau.

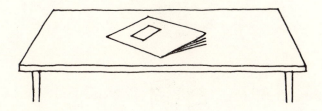

Die Lehrerin fragt wie gewöhnlich:	*Erika antwortet:*
— Ist das Heft blau?	— Ja, das Heft ist blau.
— Ist das Heft rot?	— Nein, das Heft ist nicht rot.
— Ist das Heft rot oder blau?	— Das Heft ist blau.
— Wie ist das Heft?	— Das Heft ist blau.
— Was ist blau?	— Das Heft auf dem Tisch ist blau.
— Welches Heft ist blau?	— Dieses Heft ist blau.
— Ist **jedes** Heft blau?	— Nein, **jedes** Heft ist nicht blau.
— Ist mein Heft zu Hause blau?	— Das weiss ich nicht.
— Frage mich!	— Ist das Heft zu Hause blau?
— Nein, das Heft zu Hause ist nicht blau. Es ist grün.	
— Wie ist es also?	— Es ist grün.
— Was ist grün?	— Das Heft zu Hause ist grün.
— Welches Heft ist grün?	— Das Heft zu Hause ist grün.

> Wie ist dein Heft?
> Welche Farben kennst du?

das Heft   **es**

— Ist das Heft dünn?   — Ja, **es** ist dünn.

— Ist das Geschenk gross? — Ja, **es** ist gross.

— Ist das Bett klein? — Nein, **es** ist nicht klein. Es ist gross.

— Ist das Glas leer?

— Ja, es ist leer.
— Nein, es ist nicht leer. Es ist voll.

— Ist ...

das Glas...?   das Messer...?

 das Tischtuch...?   das Brot...?

 das Ei...?   das Salz...?

leer	voll
billig	teuer
leicht	schwer
gross	klein

— Wie ist das Feld?

— Es ist schön.

— Wie ist ...

das Feld?   das Auto?

das Gras?   das Fahrrad?

das Haus?   das Flugzeug?

alt	neu
gut	schlecht
schön	hässlich
dick	dünn

Das Kind

das Butterbrot

die Glatze

Peter und seine Mutter sind zu Hause. Mutter sagt: „Wir wollen heute eine Reise mit dem Zug machen. Du musst aber still sein. Du darfst nicht über andere Leute sprechen."

Im Zug ist Peter hungrig. Er bekommt ein Butterbrot. Es schmeckt gut. Dann sieht Peter einen dicken Mann. Er hat eine Glatze. Peter fragt Mutter:

„Wann sind wir da?"

„Bald, warum?"

„Ich will etwas sagen."

„Was denn?"

„Ich will etwas über den dicken Mann mit der Glatze sagen."

Was will Peter sagen?

MASCULINE 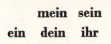	FEMININE	NEUTER	10

mein sein **ein dein ihr**	**meine seine** **eine deine ihre**	**mein sein** **ein dein ihr**

— Ist das …
   ein Ball?
   ein Stuhl?
   mein Tisch?
	— Ist das …
	   eine Lampe?
	   eine Kirche?
	   meine Katze?
		— Ist das …
		   ein Heft?
		   ein Paket?
		   mein Geschenk?

— Was ist das? — Das ist ein …	— Was ist das? — Das ist eine …	— Was ist das? — Das ist ein …

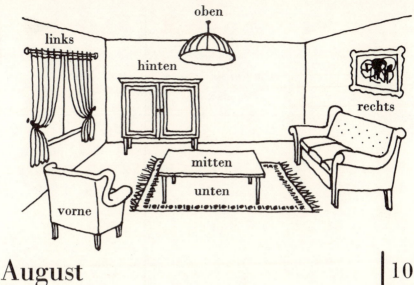

August

Guten Tag! Ich heisse August. Ich bin ein kleiner, dicker Kerl.

Mein Zimmer sieht so aus: Unten auf dem Fussboden liegt ein Teppich. Oben an der Decke hängt eine Lampe. Ganz vorne im Zimmer steht ein Sessel. Hinten ist ein Schrank. Auf dem Schrank steht ein Radio. Links ist ein Fenster mit einer Gardine. Rechts steht ein Sofa.

Über dem Sofa hängt ein Bild. Mitten im Zimmer steht ein Tisch. Daneben steht ein Stuhl.

Aber wie sehe ich selbst aus? Mitten im Gesicht habe ich eine grosse Nase. Ich habe schöne, blaue Augen und lockiges Haar. Meine Arme sind stark, und meine Beine sind kurz. Auf meiner Stirn ist eine Narbe. „Wo hast du die Narbe her?" fragt man immer. „Ich habe mich gebissen", sage ich dann. „Wie denn?" — „Ich stand auf einem Stuhl." Haha!

Wer ist August?

21

MASCULINE	FEMININE	NEUTER
welcher	welche	welches
der dieser	die diese	das dieses
jeder	jede	jedes

— Ist ...

der Ball ...?

der Korb ...?

der Hut ...?

— Wie ist der ...?

— Ist ...

die Lampe ...

die Zeitung ...

die Tafel ...

— Wie ist die ...?

— Ist ...

das Heft ...

das Boot ....

das Hemd ...

— Wie ist das ...?

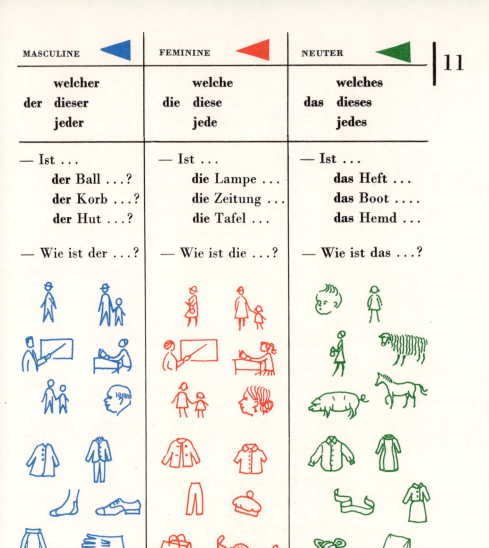

— Er ist ...

— Sie ist ...

— Es ist ...

alt	jung	warm	kalt
satt	hungrig	hart	weich
stark	schwach	alt	neu
sauber	schmutzig	billig	teuer
dick	dünn	faul	fleissig
weiss	schwarz	gross	klein
rot	grün	gut	schlecht

Herr Sauer und Frau Süss

Herr Sauer ist ein Mann. Er hat alte Kleider an. Sein Mantel ist blau, und sein Anzug ist aus Wolle. Die Schuhe sind schwarz. Die Handschuhe sind auch schwarz. Der Hut ist grau. Das Hemd ist weiss, und der Schlips ist rot. Dieser Herr hat immer schlechte Laune.

Frau Süss ist eine Dame. Sie hat ganz neue Kleider. Sie hat Rock und Bluse an. Der Rock ist kariert. Die Bluse ist weiss. Die Schuhe sind sehr teuer. Der Hut ist modern. Diese Dame hat immer gute Laune.

— Guten Tag!

— Was darf es sein?

— Welche Preislage?

— Bitte schön, hier ist eine gute Qualität!

— Bitte sehr!

— Auf Wiedersehen, mein Herr!

— Guten Tag!

— Ich möchte einen Schlips haben.

— 5 Mark ungefähr.

— Gut, den nehme ich.

— Danke schön!

— Auf Wiedersehen!

mein sein	**meine seine**	**mein sein**
ein dein ihr	**eine deine ihre**	**ein dein ihr**

— Was ist das?	— Was ist das?	— Was ist das?

— Das ist ein ...	— Das ist eine ...	— Das ist ein ...

welcher	**welche**	**welches**
der dieser	**die diese**	**das dieses**
jeder	**jede**	**jedes**

— Wie ist der ...	— Wie ist die ...	— Wie ist das ...

— Er ist ...	— Sie ist ...	— Es ist ...

Frühstück 8—10
Mittagessen 12—14
Abendessen 18—20

Im Restaurant

12

die Kartoffeln

das Fleisch

das Gemüse

Herr Sauer hat wieder schlechte Laune. Er ist sehr hungrig. Er geht in ein Restaurant. Der Tisch ist gedeckt. Er setzt sich. Auf dem Tisch stehen ein Teller und ein Glas. Daneben liegen der Löffel, die Gabel und das Messer.

Herr Sauer isst Kartoffeln, Fleisch und Gemüse. Neben ihm sitzt ein Hund. Er will auch etwas haben. Er knurrt. Herr Sauer isst weiter. Der Hund knurrt auch weiter.

Herr Sauer fragt: „Warum knurrt der Hund?" Der Ober antwortet: „Entschuldigen Sie, aber Sie haben sicher seinen Teller bekommen."

— Hier ist die Speisekarte.
— Was darf es sein?

— Ich möchte etwas zu essen haben.
— Danke schön!

— Herr Ober, bitte zahlen!

MASCULINE	FEMININE	NEUTER
ein rund**er** Ball	eine klein**e** Lampe	ein neu**es** Heft

— Ist das ein runder Ball?	— Ist das eine kleine Lampe?	— Ist das ein neues Heft?
— Ja, das ist ein runder Ball.	— Ja, das ist eine kleine Lampe.	— Ja, das ist ein neues Heft.
— Was für ein Weg ist das?	— Was für eine Strasse ist das?	— Was für ein Feld ist das?

— Das ist …	— Das ist …	— Das ist …
ein schlechter	eine alte	ein grünes
ein alter	eine lange	ein neues
ein grosser	eine warme	ein billiges
ein schneller	eine langsame	ein teures
ein schöner	eine neue	ein blaues
ein guter	eine rote	ein modernes

Mein Hund ist klug. Es ist ein kluger Hund.

 Meine Katze ist klein. Es ist eine kleine Katze.

 Mein Schwein ist dick. Es ist ein dickes Schwein.

Erikas dicker Hund | 13

Liebe Ruth!

Was macht dein Hund? Jetzt habe ich auch einen Hund. Er ist fast ein Jahr alt. Es ist ein hübsches, schwarz-weisses Tier. Er ist natürlich mein bester Freund. Meine anderen Freunde sind neidisch. Meine Nachbarn sagen immer: „Das ist wirklich ein kluger Hund." Meine kleine Schwester sagt: „Das ist ein guter Spielkamerad", aber meine Mutter sagt oft: „Das ist ein schmutziger kleiner Hund." Mein Vater sagt gar nichts. Mein Hund frisst gern und schläft viel. Nachts schnarcht er oft und weckt mich.

Schreib mal, was dein Hund macht!

Herzliche Grüsse

Deine Erika.

Ist Erika froh?

Wir zählen

1 eins	15 fünfzehn	30 dreissig
2 zwei, zwo	16 sechzehn [zech-]	40 vierzig
3 drei	17 siebzehn	(ie = short *i*)
4 vier	18 achtzehn	50 fünfzig
5 fünf	19 neunzehn	60 sechzig
6 sechs [zeks]	20 zwanzig	70 siebzig
7 sieben	21 einundzwanzig	80 achtzig
8 acht	22 zweiundzwanzig	90 neunzig
9 neun	23 dreiundzwanzig	100 /ein-/
10 zehn	24 vierundzwanzig	hundert
11 elf	25 fünfundzwanzig	500 fünf-
12 zwölf	26 sechsundzwanzig	hundert
13 dreizehn	27 siebenundzwanzig	1 000 /ein-/tausend
14 vierzehn	28 achtundzwanzig	1 000 000 eine Million
(ie = short *i*)	29 neununddzwanzig	

Wir rechnen

$2 + 2 = 4$ zwei und zwei ist vier

$8 + 4 = 12$ acht und vier ist zwölf

$10 - 5 = 5$ zehn weniger fünf ist fünf

$12 - 5 = 7$ zwölf weniger fünf ist sieben

$2 \times 3 = 6$ zwei mal drei ist sechs

$7 \times 2 = 14$ sieben mal zwei ist vierzehn

$20 : 4 = 5$ zwanzig /geteilt/ durch vier ist fünf

$16 : 2 = 8$ sechzehn /geteilt/ durch zwei ist acht

— Bist du 14 Jahre alt?   — Ja, ich bin 14 Jahre alt.
— Wie alt bist du?

— Bist du im Jahre 1959 ge-   — Ja, ich bin im Jahre 1959
boren?   geboren.
— Wann bist du geboren?

Karl und Hans 14

Heute will Karl ins Kino gehen. Er hat fast kein Geld. Er isst zu viel Schokolade. Das ist sehr teuer. Karl ist immer hungrig. Jetzt zählt er sein Geld. Aber es reicht nicht, und Karl muss zu Hause bleiben.

Hans will auch ins Kino gehen. Seine Sparbüchse ist aber auch leer. Was tun? Etwas verkaufen? Aber was? Den alten Fussball vielleicht. Das tut er. Jetzt hat er 4 Mark. Hans geht ins Kino und hat noch Geld übrig.

das Geld

die Sparbüchse

Hier ist sein Kassenbuch:

Taschengeld	4, —	
Von Vater geliehen	1, —	
Buch gekauft		5, —
Buch verkauft	6, —	
An Vater zurück		1, —
Verschiedenes		5, —
Fussball verkauft	4, —	
Kino		2, —

MASCULINE	FEMININE	NEUTER
zwei Bälle	zwei Lampen	zwei Hefte
ein Ball	eine Lampe	ein Heft
zwei Bälle	zwei Lampen	zwei Hefte
ein Tisch	eine Puppe	ein Paket
zwei Tische	zwei Puppen	zwei Pakete
ein Hut	eine Zeitung	ein Boot
zwei Hüte	zwei Zeitungen	zwei Boote

Most masculine monosyllabic nouns umlaut and add **-e** in the plural a → ä, o → ö u → ü, au → äu	Most feminine nouns add **-n** or **-en** in the plural	Many neuter nouns add **-e** in the plural

SINGULAR	PLURAL	SINGULAR	PLURAL	SINGULAR	PLURAL
der Ball	die Bälle	die Lampe	die Lampen	das Heft	die Hefte
der Tisch	die Tische	die Puppe	die Puppen	das Paket	die Pakete
der Hut	die Hüte	die Zeitung	die Zeitungen	das Boot	die Boote

Im Lebensmittelgeschäft | 15

Frau Süss geht einkaufen. Sie geht ins Lebensmittelgeschäft. Sie sagt: „Ich brauche heute eine Menge Waren. Zuerst zwei Kilo Kartoffeln, bitte. Dann auch etwas Gemüse: Tomaten und Gurken. Und etwas Obst, bitte: Äpfel, Birnen, Apfelsinen und Bananen. Was war es noch? Ja, frische Eier, zwei Liter Milch und etwas Käse. Vielleicht auch etwas Wurst, und ein Brot natürlich. Auch ein Pfund Zucker und ein Pfund Salz, bitte."

„Sonst noch etwas?"

„Danke, das ist alles für heute. Was kostet alles zusammen?" „20 Mark!"

„Oh, ich habe leider mein Geld vergessen ...!"

Ja, ja, der Verkäufer kennt sie schon ...

Was kauft Frau Süss?

der Apfel (÷)   die Birne (-n)   das Ei (-er)   der Käse

die Banane (-n) die Apfelsine (-n) die Wurst (÷e) das Brot (-e)

die Tomate (-n) die Gurke (-n) die Kartoffel (-n) die Milch

Die Freunde

I

Hans und Karl sind Freunde. Sie wohnen in einer grossen Stadt in Deutschland. Sie wohnen in derselben Strasse.

derselbe
dieselbe
dasselbe

die Stadt (¨e)

Karl ist dreizehn und Hans ist vierzehn Jahre alt. Karl ist dick und klein, und Hans ist gross und nicht so dick.

Karl und Hans gehen in dieselbe Klasse. Sie haben auch dieselben Lehrer. Herr Müller ist der Klassenlehrer. Die Schule ist gross und heisst „Schiller-Schule"

die Klasse (-n)

32

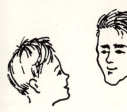
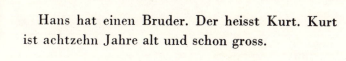

Hans hat einen Bruder. Der heisst Kurt. Kurt ist achtzehn Jahre alt und schon gross.

Karl hat auch einen Bruder. Der heisst Horst, ist zehn Jahre alt und noch klein. Karl hat aber auch eine Schwester. Sie heisst Marianne und ist sechzehn Jahre alt.

Erika geht in dieselbe Klasse wie Karl und Hans. Sie hat eine kleine Schwester, aber keinen Bruder.

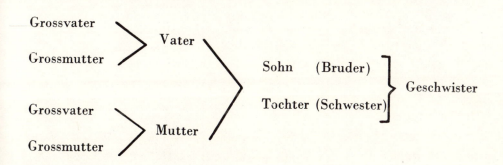

MASCULINE	FEMININE	NEUTER
Indefinite Article		
— Was ist das?	— Was ist das?	— Was ist das?
— Das ist **ein** Ball.	— Das ist **eine** Lampe.	— Das ist **ein** Heft.
Definite Article		
— Wie ist **der** Ball?	— Wie ist **die** Lampe?	— Wie ist **das** Heft?
— **Er** ist grau.	— **Sie** ist weiss.	— **Es** ist blau.

PLURAL

Indefinite Article		
— Sind **Bälle** rund?	— Sind **Lampen** hell?	— Sind **Hefte** viereckig?
— Ja, **sie** sind rund.	— Ja, **sie** sind hell.	— Ja, **sie** sind viereckig.
Definite Article		
— Wie sind **die** **Bälle?**	— Wie sind **die** **Lampen?**	— Wie sind **die** **Hefte?**
— **Sie** sind grau.	— **Sie** sind hell.	— **Sie** sind blau.

Beim Friseur

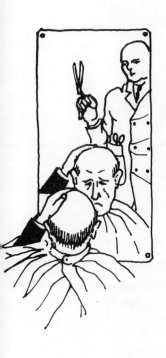

Herr Sauer geht zum Friseur. Er hat schlechte Laune und denkt: „Ich habe zwei Beine, zwei Füsse, zwei Arme, zwei Hände, zwei Ohren, und viele Zähne, aber leider habe ich nur wenig Haare!"

„Haarschneiden?" fragt der Friseur. „Ja, bitte!"

Der Friseur hat gar keine Haare.

Herr Sauer liest zwei Zeitungen, betrachtet drei Kämme, vier Scheren und sechs Flaschen mit Haarwasser.

„Ist es gut so?" fragt der Friseur. „Ja, danke." „Es kostet drei Mark." „So viel Geld für so wenig Haare?" „Es kostet dasselbe. Ich muss ja die Haare erst suchen, finden, und dann auch schneiden, mein Herr!"

„So eine Frechheit!" denkt Herr Sauer und bezahlt drei Mark.

„Auf Wiedersehen, und kommen Sie bald wieder!"

Herr Sauer kommt natürlich nicht wieder.

Warum hat Herr Sauer schlechte Laune?

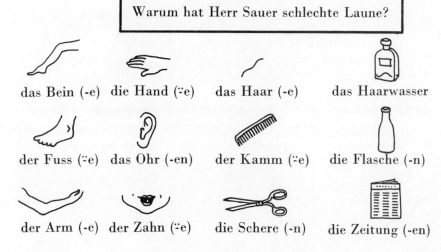

das Bein (-e) die Hand (¨e) das Haar (-e) das Haarwasser

der Fuss (¨e) das Ohr (-en) der Kamm (¨e) die Flasche (-n)

der Arm (-e) der Zahn (¨e) die Schere (-n) die Zeitung (-en)

Ich bin müde

ich bin — Hans, bist du müde? — Ja, ich bin müde.

du bist

er ist — Karl, ist Hans müde? — Ja, er ist müde.

sie ist — Karl, ist Erika müde? — Ja, sie ist müde.

es ist — Karl, ist das Kind müde? — Ja, es ist müde.

— Was bist du?	— Wie bist du?	— Wo bist du?
— Was ist er?	— Wie ist er?	— Wo ist er?
— Was ist sie?	— Wie ist sie?	— Wo ist sie?
— Was ist es?	— Wie ist es?	— Wo ist es?
— Ich bin …	— Ich bin …	— Ich bin …
— Er ist …	— Er ist …	— Er ist …
— Sie ist …	— Sie ist …	— Sie ist …
— Es ist …	— Es ist …	— Es ist …
ein Junge.	stark — schwach	in der Schule.
ein Mädchen.	alt — jung	im Zimmer.
ein Kind.	lang — kurz	im Klassenzimmer.
ein Mann.	dick — dünn	auf dem Fussballplatz.
ein Lehrer.	faul — fleissig	zu Hause.
eine Frau.	hungrig — satt	im Zug.

Der Wecker

Der Lehrer kommt ins Klassenzimmer. Die Schüler sind schon da. Hans ist sehr müde. Er schläft beinahe.

„Bist du müde, Hans?" fragt der Lehrer. „Ja, ich bin müde", antwortet Hans. Dann schläft er weiter.

Im Klassenzimmer sitzt auch Karl. Er ist nicht müde. Er ist munter, aber hungrig wie immer. Der Lehrer fragt Karl: „Karl, ist Hans müde?"

„Ja, er ist sehr müde", sagt Karl.

Auch Erika ist im Klassenzimmer. Sie schläft. Der Lehrer fragt Karl noch einmal:

„Karl, ist Erika müde?"

„Ja, sie ist auch sehr müde", antwortet Karl.

Dann klingelt es. Hans erwacht und streckt die Hand aus. Er will den Wecker abstellen.

Bist du auch in der Schule müde?

37

Wir sind müde

wir sind

 Seid ihr müde, Erika und Hans?

Ja, wir sind müde.

ihr seid

---

sie sind

Karl, sind Erika und Hans müde?

Ja, sie sind müde.

Sie sind

Sind Sie müde, Herr Müller?

Ja, ich bin müde.

— Was seid ihr?	— Wie seid ihr?	— Wo seid ihr?	— Wie alt seid ihr?
— Was sind sie?	— Wie sind sie?	— Wo sind sie?	— Wie alt sind sie?
— Was sind Sie?	— Wie sind Sie?	— Wo sind Sie?	— Wie alt sind Sie?

Jungen.	müde — munter	auf der Strasse.	5 Jahre alt.
Mädchen.	schnell — langsam	in der Stadt.	10 Jahre alt.
Kinder.	sauber — schmutzig	auf dem Weg.	15 Jahre alt.
Männer.	froh — traurig	in der Kirche.	25 Jahre alt.
Lehrer.	böse — lieb	auf dem Lande.	50 Jahre alt.
Frauen.	gross — klein	im Auto.	100 Jahre alt.

Herr Müller ist müde

18

In der nächsten Stunde kommt der Lehrer wieder in die Klasse. Er geht zu Erika und Hans und fragt:

„Seid ihr müde, Erika und Hans?"

„Ja, wir sind müde", ist die Antwort.

Der Lehrer geht zu Karl. Er ist noch munter. Der Lehrer fragt ihn: „Sind Erika und Hans müde?"

„Ja, sie sind beide sehr müde."

Der Lehrer gähnt. Er ist auch müde. Dann fragt Karl: „Sind Sie auch müde, Herr Müller?"

„Ja, ich bin auch müde", antwortet der Lehrer. Er sagt: „Jetzt ist die Stunde zu Ende. Es klingelt gleich. Aber geht ganz leise hinaus und weckt die anderen Klassen nicht auf."

Wann seid ihr müde?

Herr Müller ist nett

Eines Tages fragt der Lehrer:

„Karl, glaubst du, ich bin alt?"

„Das weiss ich nicht, Herr Müller", antwortet Karl.

„Du kannst mich ja fragen!"

„Sind Sie alt, Herr Müller?"

„Ja, Karl, ich bin sehr, sehr alt", sagt der Lehrer.

„Ist Hans hungrig oder satt? Weisst du das?" fragt der Lehrer weiter.

„Das weiss ich nicht", sagt Karl.

„Frage ihn!"

„Hans, bist du hungrig oder satt?" fragt Karl.

„Ich bin satt", sagt Hans.

„Er ist satt", sagt Karl.

„Ist Erika auch satt?" fragt der Lehrer.

„Das weiss ich nicht."

„Frage sie!"

„Bist du satt, Erika?"

„Ja, ich bin satt", sagt Erika.

„Sie ist satt, aber ich bin hungrig", sagt Karl zu dem Lehrer.

„Sind Erika und Hans müde?" fragt Herr Müller weiter.

„Das weiss ich nicht."

„Frage sie!"

„Seid ihr müde, Erika und Hans?"

„Ja, wir sind müde", antworten Erika und Hans.

„Sie sind müde, und sie schlafen wie gewöhnlich", sagt Karl zum Lehrer.

„Dann will ich nicht so laut sprechen", sagt der nette Lehrer. Dann fragt er weiter.

Hat der Lehrer gute Laune?

SINGULAR

MASCULINE	FEMININE	NEUTER
— Ist ...	— Ist ...	— Ist ...
der Ball ...?	die Lampe ...?	das Heft ...?
der Tisch ...?	die Zeitung ...?	das Boot ...?
der Hut ....?	die Tafel ...?	das Pferd ...?
der Mann ...?	die Mutter ...?	das Buch ...?
der Junge ...?	die Kamera ...?	das Sofa ...?
der Lehrer ...?	die Wand ...?	das Fenster ...?

alt	— jung	sauber	— schmutzig
dick	— dünn	leer	— voll
stark	— schwach	billig	— teuer
warm	— kalt	hart	— weich

PLURAL

MASCULINE	FEMININE	NEUTER
— Sind ...	— Sind ...	— Sind ...
die Bälle ...?	die Lampen ...?	die Hefte ...?
die Tische ...?	die Zeitungen ...?	die Boote ...?
die Hüte ...?	die Tafeln ...?	die Pferde ...?
die Männer ...?	die Mütter ...?	die Bücher ...?
die Jungen ...?	die Kameras ...?	die Sofas ...?
die Lehrer ...?	die Wände ...?	die Fenster ...?

alt	— neu	weiss	— schwarz
gut	— schlecht	rot	— grün
schön	— hässlich	blau	— gelb
rund	— viereckig	braun	— grau

das Tor (-e)

Auf dem Fussballplatz

die Limonade

Hans geht auf den Fussballplatz. Bald beginnt das Spiel. Die eine Mannschaft schiesst ein Tor. Die Leute sind erregt. Einige sind froh, andere sind traurig. Das Spiel geht weiter.

In der Halbzeit steht es eins zu eins. Hans trinkt eine Limonade. Dann geht das Spiel weiter. Alle sind sehr gespannt. Wer gewinnt? Schuss und Tor! Unsere Mannschaft hat es geschafft, aber die anderen Spieler sind gute Verlierer gewesen.

Das Spiel ist zu Ende. Hans trifft zwei Freunde. Bald sind sie auf dem Heimweg.

Mit wieviel Toren gewinnt die Mannschaft?

Ein Tag mit Frau Süss

II

Langsam trinkt Frau Süss Kaffee. Um neun Uhr sagt sie zu ihrer Katze: „Molle, jetzt muss ich in die Firma. Du bleibst hier!" Frau Süss hat ein kleines Hutgeschäft.

um 9 Uhr

die Firm|a (-en)

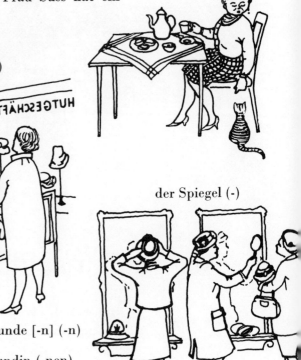

der Spiegel (-)

der Kunde [-n] (-n)

die Kundin (-nen)

In der Firma gibt es viel zu tun. Das Geschäft ist immer voll. Vor den Spiegeln stehen viele Frauen.

Frau Süss spricht mit allen Kunden über die vielen schönen Hüte. Den schönsten Hut hat sie selbst. Er sieht aus wie ein Blumentopf.

der Blumentopf (¨e)

44

Zu Hause liest Frau Süss die Zeitung. Sie löst Kreuzworträtsel — aber mit Tinte. Sie ist Optimist.

die Tinte

das Kreuzworträtsel

Waagerecht

1. Sie kennt fast alle Leute in — Stadt.
3. — Geschäft ist immer voll.
4. — neun Uhr sagt sie zu ihrer Katze:
6. Frau Süss hat — kleines Hutgeschäft.

Senkrecht

1. Frau Süss ist eine —.
2. In der Firma gibt — viel zu tun.
3. „— bleibst hier!"
5. „Molle, jetzt muss ich — die Firma."

abends

Frau Süss ist sehr bekannt. Sie kennt fast alle Leute in der Stadt. Abends ist die kleine Katze auch allein.

45

Wieviel Uhr ist es?
Wie spät ist es?

Es ist drei Uhr.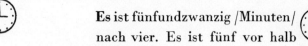

Es ist fünfundzwanzig /Minuten/ nach vier. Es ist fünf vor halb fünf.

Es ist halb vier.

Es ist zehn /Minuten/ vor fünf.

Es ist /ein/ Viertel vor vier.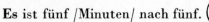

Es ist fünf /Minuten/ nach fünf.

Es ist /ein/ Viertel nach vier.

Es ist zwanzig /Minuten/ vor sechs.

die Sekunde (-n)
die Minute (-n)

die Stunde (-n)
die Viertelstunde (-n)
das Viertel (-)

— **Wann** stehst du auf?
— Stehst du **um** sieben /Uhr/ auf?
— Ja, ich stehe **um** sieben /Uhr/ auf.

— **Wann** gehst du zur Schule?
— Gehst du **um** halb acht zur Schule?
— Ja, ich gehe **um** halb acht zur Schule.

— **Was machst du** ...

im Dezember?	im März?	im Juni?	im September?
im Januar?	im April?	im Juli?	im Oktober?
im Februar?	im Mai?	im August?	im November?

---

der Winter   der Frühling   der Sommer   der Herbst

Am Montag	Am Dienstag	Am Mittwoch	Am Donnerstag
spiele ich.	schlafe ich.	lerne ich.	arbeite ich.
der Montag	der Dienstag	der Mittwoch	der Donnerstag

Am Freitag	Am Samstag	Am Sonnabend	Am Sonntag
bade ich.	haben wir frei.	haben wir frei.	gehen wir in die Kirche.
der Freitag	der Samstag	der Sonnabend	der Sonntag

Karl isst 21

das Bett (-en)

Karl steht jeden Morgen um sieben Uhr auf. Er ist noch müde. Um acht Uhr fängt die Schule an. Karl beeilt sich. Er frühstückt schnell, ruft „Auf Wiedersehen" und ist aus dem Haus. Der Schulweg dauert eine Viertelstunde. Heute kommt er in der letzten Sekunde. Der Lehrer hat nichts gemerkt. Nach jeder Stunde hat er fünf oder zehn Minuten Pause. Dann isst Karl. Um ein Uhr ist die Schule aus. Karl darf endlich nach Hause. Um halb zwei gibt es Mittagessen. Dann isst Karl wieder. Um vier Uhr bekommt er Kaffee, und um sieben Uhr gibt es Abendessen. Karl hat viele Aufgaben. Erst um neun Uhr ist er fertig. Kurz nach zehn Uhr geht er ins Bett. Der Tag ist zu Ende.

> Ist er satt oder hungrig?

1. Spielst du Fussball, Hans?
   Ja, ich spiele Fussball.

5. Spielen wir oft Fussball in der Schule?
   Nein, wir spielen nicht oft Fussball in der Schule.

2. Spielt Karl gern Fussball?
   Nein, er spielt nicht gern Fussball.

6. Spielt ihr jeden Tag Fussball, Hans und Dieter?
   Ja, wir spielen jeden Tag Fussball.

3. Spielt Erika Fussball?
   Nein, sie spielt nie Fussball.

7. Spielen Hans und Dieter oft Fussball, Karl?
   Ja, sie spielen oft Fussball.

4. Spielt das Kind Fussball?
   Nein, es spielt nie Fussball.

8. Spielen Sie oft Fussball, Herr Müller?
   Nein, ich spiele nicht oft Fussball.

früh	morgens	vormittags	mittags
nachmittags	abends	nachts	spät

Handball	Fussball	Tennis	Tischtennis
Klavier	Geige	Trompete	Gitarre

Im Frühling	Im Sommer	Im Herbst	Im Winter
ist es schön.	ist es warm.	ist es windig.	ist es kalt.
zu Weihnachten	zu Neujahr	zu Ostern	zu Pfingsten

Frühling, Sommer, Herbst und Winter

22

der Ski (-er)

der Schlitten (-)

der Vogel (ˍ)

der Regen (-)

Herr Sauer sagt: „Im Winter ist es dunkel und kalt. Die Tage sind kurz, und die Sonne scheint selten. Viele Leute laufen Ski oder fahren Schlitten. Zu Weihnachten gibt es einen Weihnachtsbaum und viele Geschenke. Aber nicht für mich.“

Aber Frau Süss sagt: „Bald kommt die Sonne zurück. Die Vögel zwitschern. Dann ist der herrliche Sommer da. Wir haben Ferien und baden. Viele machen eine Reise oder einen Ausflug. Die Tage sind ganz lang und hell.“ Herr Sauer sagt: „Aber dann sind die Ferien zu Ende. Der Herbst kommt mit Regen und Sturm, und der Sommer ist vergessen.“

„Aber nein“, sagt Frau Süss, „wir träumen vom letzten Sommer und warten auf den nächsten.“

49

Ich bade jeden Morgen

Bade ich			Baden wir	
Badest du			Badet ihr	jeden Vor-
Badet Karl (er)	jeden Morgen?		Baden sie	mittag?
Badet Erika (sie)			Baden Sie	
Badet das Kind (es)				

Arbeite ich			Arbeiten wir	
Arbeitest du			Arbeitet ihr	jeden
Arbeitet er	jeden Nach-		Arbeiten sie	Abend?
Arbeitet sie	mittag?		Arbeiten Sie	
Arbeitet es				

Rechne ich			Rechnen wir	
Rechnest du			Rechnet ihr	
Rechnet er	jeden Tag?		Rechnen sie	jede Nacht?
Rechnet sie			Rechnen Sie	
Rechnet es				

Wand/e/re ich			Wandern wir	
Wanderst du			Wandert ihr	jedes Jahr?
Wandert er	jede Woche?		Wandern sie	
Wandert sie			Wandern Sie	
Wandert es				

Antons Moped 23

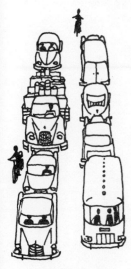

der Verkehr

Guten Tag! Hier bin ich wieder. Ich will von meinem Freund Anton erzählen.

Anton ist sehr fleissig. Er arbeitet in einer Autowerkstatt. Um fünf Uhr fährt er nach Hause. Er hat kein Auto. Er hat ein Moped. Es ist meistens kaputt. Heute fährt es aber.

Anton will ein Auto haben. Er rechnet lange und denkt: „Wieviel bekomme ich für mein Moped? Vielleicht 500 Mark?"

Anton spart fleissig. Er fährt durch die Stadt. Der Verkehr ist stark. Er träumt weiter. Plötzlich kracht es. Anton fliegt durch die Luft. Er liegt auf der Strasse. Das Moped ist wieder kaputt und Anton träumt nicht mehr.

Jetzt spart Anton für ein neues Moped. Mein armer Freund!

Was kostet Antons Moped?

Was steht im Zimmer?

24

Was steht
Was liegt } im Zimmer?
Was hängt

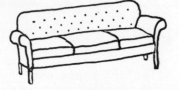

Welche Sachen stehen
Welche Sachen liegen } im Zimmer?
Welche Sachen hängen

Wer setzt sich?

— Setzt du **dich**, Karl?   — Ja, ich setze **mich**.
— Setzt **sich** August?   — Ja, er setzt **sich**.
— Setzt **sich** Erika?   — Nein, sie setzt **sich** nicht.
— Setzt **sich** das Kind?   — Ja, es setzt **sich**.

— Setzen wir **uns**?   — Ja, wir setzen **uns**.
— Setzt ihr **euch**, Karl und   — Ja, wir setzen **uns**.
 August?

— Setzen **sich** Karl und
 August?   — Ja, sie setzen **sich**.
— Setzen Sie **sich**, Herr
 Müller?   — Nein, ich setze **mich** nicht.

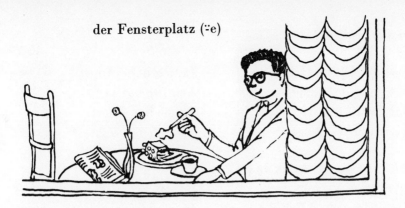

Karl isst weiter 24

die Vase (-n)

die Blume (-n)

Karl will heute ins Café gehen. Aber zuerst wäscht er sich, kämmt sich und putzt sich die Zähne. Er will sauber und elegant aussehen. Er bürstet sich die Haare, die Schuhe und den Anzug. Karl freut sich. Im Café bedient er sich selbst. Er kauft sich ein Stück Torte und sucht sich einen Fensterplatz.

Auf dem Tisch liegen einige Zeitungen. Auch eine Vase mit Blumen steht da. Er trifft sich mit Erika und Hans. Sie unterhalten sich eine Weile.

Erika wünscht sich viele Schallplatten, und Hans wünscht sich einen Tag ohne Schule. Karl wünscht sich aber noch ein Stück Torte.

Kauft er es?

— Ich möchte eine Tasse Bohnenkaffee haben.

— Mit Zucker
und Sahne?

— Ja, bitte! Und auch ein Stück
Torte und etwas Gebäck.

— Bitte schön!

Hast du Angst?

— Hast du Angst, Hans? 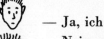   — Ja, ich habe Angst.
— Hat August Angst?   — Nein, er hat keine Angst.
— Hat Erika Angst?   — Ja, sie hat Angst.
— Hat das Kind Angst?   — Nein, es hat keine Angst.

— Habt ihr Angst, Hans und
Erika?   — Ja, wir haben Angst.
— Haben Hans und Erika Angst?   — Ja, sie haben Angst.
— Haben Sie Angst, Herr Müller? — Nein, ich habe keine Angst.

— Sprichst du Deutsch?   — Ja, ich spreche Deutsch.
— Spricht er Französisch?   — Ja, er spricht . . .
— Spricht sie Englisch?   — Ja, sie spricht . . .
— Spricht es Spanisch?   — Ja, es spricht . . .
— Sprecht ihr Russisch?   — Ja, wir sprechen . . .
— Sprechen sie . . . ?   — Ja, sie sprechen . . .
— Sprechen Sie . . . ?   — Ja, ich spreche . . .

— Schläfst du gut?   — Ja, ich schlafe gut.
— Schläft er schlecht?   — Ja, er schläft . . .
— Schläft sie viel?   — Ja, sie schläft . . .
— Schläft es oft?   — Ja, es schläft . . .
— Schlaft ihr selten?   — Ja, wir schlafen . . .
— Schlafen sie . . . ?   — Ja, sie schlafen . . .
— Schlafen Sie . . . ?   — Ja, ich schlafe . . .

— Liest du gut?   — Fährst du langsam?
— Isst du viel?   — Läufst du schnell?
— Hilfst du zu Hause mit?   — Wäschst du dich oft?

Erika hat eine Erkältung   25

der Arzt (¨e)

die Tablette (-n)

Erika ist krank. Seit vorgestern hat sie Fieber und Kopfschmerzen. Der Arzt sagt: „Erika, du hast eine böse Erkältung."

Jetzt liegt sie zu Hause und isst Tabletten. Erika schläft und liest viel. Oft hat sie aber Langeweile.

Frau Süss ist Erikas Nachbarin. Heute macht sie einen Besuch bei Erika. „Hast du Schmerzen?" fragt sie und Erika antwortet: „Es ist schon besser."

Frau Süss hat schöne Blumen mitgebracht. Sie hat auch Apfelsinen gekauft. Frau Süss ist sehr nett. Erikas dicker Hund ist traurig.

Aber Erika kann jeden Tag viele Schallplatten hören.

Wie lange ist Erika krank?

Fröhliche Weihnachten | III

Endlich ist die Schule zu Ende. Morgen fangen die
Weihnachtsferien an. Alle Kinder sind froh. Sie
sind sehr gespannt.

Im Wohnzimmer steht der Weihnachtsbaum.
Draussen liegt Schnee. Vor jedem Haus steht ein
dicker Schneemann.

der Weihnachtsbaum (¨e)

der Schnee

draussen

der Schneemann (¨er)

das Wohnzimmer (-)

das Holz

Hans macht eine schöne Lampe aus Holz für seine Eltern, Erika steht in der Küche und macht einen Schokoladenkuchen für Vater und eine Obsttorte für Mutter.

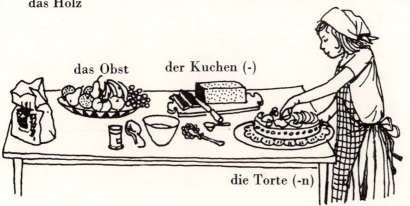

das Obst   der Kuchen (-)

die Torte (-n)

die Praline (-n)

die Schachtel (-n)

Karl hat etwas Taschengeld gespart und kauft eine grosse Schachtel Pralinen. Sicher bekommt er selbst ein paar davon.

Am ersten Weihnachtstag kommen Grossvater und Grossmutter. Karls Tante kommt auch. Sie ist etwas schwerhörig. Karl muss ganz laut „Fröhliche Weihnachten!" rufen.

schwerhörig

FRÖHLICHE WEIHNACHTEN

MASCULINE	FEMININE	NEUTER
— Hast du ...	— Hast du ...	— Hast du ...
einen Ball?	eine Lampe?	ein Heft?
einen Stuhl?	eine Puppe?	ein Boot?
einen Tisch?	eine Katze?	ein Pferd?
— Ja, ich habe		
einen ...	eine ...	ein ...
— Nein, ich habe		
keinen ...	keine ...	kein ...

PLURAL

MASCULINE	FEMININE	NEUTER
— Hast du ...	— Hast du ...	— Hast du ...
viele Bälle?	viele Lampen?	viele Hefte?
viele Stühle?	viele Puppen?	viele Boote?
viele Tische?	viele Katzen?	viele Pferde?

— Ja, ich habe viele ...
— Nein, ich habe nicht viele ...

— Hast du ...	— Hast du ...	— Hast du ...
einen Brief?	eine Ansichtskarte?	ein Telefon?
einen Briefumschlag?	eine Reisetasche?	ein Telegramm?
einen Pass?	eine Briefmarke?	ein Trinkgeld?
einen Fahrplan?	eine Fahrkarte?	ein Stück Briefpapier?
einen Koffer?	eine Versicherung?	ein Visum?

Eine Reise

das Briefpapier (-e)

der Briefumschlag (⸚e)

die Briefmarke (-n)

der Schutz| mann (-leute)

Herr Müller macht eine Reise. Er hat Ferien und ist in einer grossen Stadt.

Am Abend trägt er seinen Koffer in ein Hotel. Er will einen Monat da bleiben. Er kauft sich eine Zeitung und liest eine Zimmeranzeige. „Schriftlich antworten", steht da. Also einen Brief schreiben, schnell ein Stück Briefpapier, einen Briefumschlag und eine Briefmarke herbei und weg damit.

Nach dieser Aufregung bestellt Herr Müller ein gutes Essen. Am nächsten Morgen kommt ein Telefonanruf für ihn: „Sie können kommen und sich das Zimmer ansehen", sagt die Stimme im Telefon.

Herr Müller fragt einen Schutzmann. Er steigt in eine Strassenbahn und ist bald am Ziel. Der nette Lehrer bekommt das Zimmer. „Warum gerade ich?" fragt Herr Müller. „Ja, Sie haben einen so netten Brief geschrieben!" — „Glück muss man haben", denkt Herr Müller und ist zufrieden.

> Warum bekommt gerade
> Herr Müller das Zimmer?

MASCULINE	FEMININE	NEUTER
— Siehst du ...	— Siehst du ...	— Siehst du ...
den Ball (ihn)?	die Lampe (sie)?	das Heft (es)?
den Tisch (ihn)?	die Katze (sie)?	das Pferd (es)?

— Ja, ich sehe ...
— Nein, ich sehe ... nicht.

PLURAL

MASCULINE	FEMININE	NEUTER
— Siehst du ...	— Siehst du ...	— Siehst du ...
die Bälle (sie)?	die Lampen (sie)?	die Hefte (sie)?
die Tische (sie)?	die Katzen (sie)?	die Pferde (sie)?

— Ja, ich sehe ...
— Nein, ich sehe ... nicht.

— Siehst du ...	— Siehst du ...	— Siehst du ...
den Schauspieler?	die Schauspielerin?	das Theater?
den Film?	die Vorstellung?	das Kino?

— Hörst du ...	— Hörst du ...	— Hörst du ...
den Sänger?	die Sängerin?	das Konzert?
den Lärm?	die Musik?	das Gespräch?

die Kasse (-n)

Im Kino

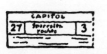

die Eintrittskarte (-n)

Endlich hat Karl sein Taschengeld bekommen. Er will einen guten Film sehen. „*Quo vadis* — ein spannender historischer Film", steht in der Zeitung. Karl fragt das Fräulein an der Kasse: „*Quo vadis*, was heisst das?" Das Fräulein antwortet: „Wohin gehst du?" „Ins Kino", sagt Karl. Da kommt Hans und ruft: „Was wird gespielt?" „*Quo vadis!*" sagt Karl. „Was heisst das?" „Wohin gehst du?!"

„Ins Kino natürlich", sagt Hans, aber Karl antwortet nicht mehr.

Die Eintrittskarten sind teuer. Karl muss sie bezahlen.

Zuerst kommt die Wochenschau. Karl hat sie schon einmal gesehen. Dann kommt der Hauptfilm. Karl kennt die Schauspieler schon. Hans kennt sie auch.

Neben den Jungen schläft ein Mann. Sie wecken ihn nicht. Bald schlafen auch sie. Plötzlich ein Schrei! Der eine Schauspieler ist tot. Bald sieht Karl ihn in einem neuen Film. Er lebt weiter . . .

Wie teuer sind die Eintrittskarten?

— **Hast du**

meinen Ball?	meine Lampe?	mein Heft?	meine Bälle? meine Lampen? meine Hefte?

— **Ja, ich habe** ...

deinen Ball.	deine Lampe.	dein Heft.	deine Lampen. deine Bälle. deine Hefte.

— **Hans und Karl, habt ihr** ...

euren Ball? (eueren)	eure Lampe?	euer Heft?	eure Bälle? eure Lampen? eure Hefte?

— **Ja, wir haben** ...

unseren Ball. (unsren)	unsere Lampe.	unser Heft.	unsere Bälle. unsere Lampen. unsere Hefte.

— **Herr Müller, haben Sie** ...

Ihren Ball?	Ihre Lampe?	Ihr Heft?	Ihre Bälle? Ihre Lampen? Ihre Hefte?

— **Siehst du** ...

diesen Bahnhof?	diese Jugendherberge?	dieses Gasthaus?
diesen Wartesaal?	diese Haltestelle?	dieses Reisebüro?
diesen Schalter?	diese Wechselstube?	dieses Abteil?
diesen Schaffner?	diese Strassenbahn?	dieses Schild?
diesen Ausländer?	diese Ausländerin?	dieses Hotel?

Noch eine Reise

der Koffer (-)

die Reisetasche (-n)

der Mantel (÷)

der Regenschirm (-e)

Guten Tag! Hier bin ich wieder. Heute will ich eine Reise machen.

Ich packe meinen Koffer und meine Reisetasche. Ich nehme den Regenschirm und den Mantel mit. Ich bin vorsichtig. Vielleicht regnet es ja.

Ich bin sehr müde. Am Tage vor einer Reise bin ich immer müde. Mein Freund Anton sagt: „Fahre doch einen Tag früher.“

Anton ist sehr dumm.

Ich trage den Koffer und die Tasche zur Haltestelle und steige in die Strassenbahn.

Ich finde den letzten freien Platz und setze mich. Ich schliesse die Augen und träume. Der Schaffner kommt und fragt: „Warum schlafen Sie?“ „Ich schlafe nicht“, sage ich. „Aber Sie haben doch die Augen zu!“ „Ja, ich will die Dame nicht sehen, die stehen muss.“

Der Schaffner wird böse, und ich steige aus. Ich trage den Koffer zum Bahnhof. Meine Tasche habe ich in der Strassenbahn vergessen. Bald bin ich wieder zu Hause.

Warum hat August die Augen zu?

| — Hat | der Ausländer | eine Wohnung? |
| — Haben | die Ausländer | Wohnungen? |

| — Trägt | der Tourist | einen Koffer? |
| — Tragen | die Touristen | Koffer? |

| — Sucht | der Herr | ein Zimmer? |
| — Suchen | die Herren | Zimmer? |

| — Liest | der Mann | eine Zeitung? |
| — Lesen | die Männer | Zeitungen? |

| — Schreibt | die Frau | einen Brief? |
| — Schreiben | die Frauen | Briefe? |

| — Findet | die Dame | einen Briefumschlag? |
| — Finden | die Damen | die Briefumschläge? |

| — Fragt | das Mädchen | einen Lehrer? |
| — Fragen | die Mädchen | die Lehrer? |

| — Bekommt | der Junge | eine Fahrkarte? |
| — Bekommen | die Jungen | Fahrkarten? |

| — Kauft | der Freund | eine Eintrittskarte? |
| — Kaufen | die Freunde | Eintrittskarten? |

— Was hat der Ausländer?
— Was haben die Ausländer?
Usw. (und so weiter)

— Wer hat eine Wohnung?   — Hast du eine Wohnung?
— Welche Leute haben Wohnungen?   — Habt ihr Wohnungen?
Usw.   Usw.

Hans arbeitet 29

die Strassenkarte (-n)

Manchmal arbeitet Hans an der Tankstelle. Er muss Geld verdienen. Es gibt viel Arbeit. Hans kennt sie schon vom vorigen Jahr. Er füllt Benzin in die Autos, wischt die Scheiben, prüft das Öl im Motor und die Luft in den Reifen, schreibt Quittungen und kassiert das Geld. Ab und zu verkauft er eine Strassenkarte oder etwas anderes. Manchmal bekommt Hans ein Trinkgeld.

Oft wäscht er Autos, aber das ist eine langweilige Arbeit. Hans kennt schon alle Automarken. Viele Autos fahren an der Tankstelle vorbei. Einmal will auch Hans in die weite Welt hinausfahren. Aber erst muss er den Führerschein machen.

die Scheibe (-n)
der Motor (-en)

der Reifen (-)

Ist das ein neues Auto?

MASCULINE	FEMININE	NEUTER
— Sprichst du ... — Sprechen Sie ...	— Sprichst du ... — Sprechen Sie ...	— Sprichst du ... — Sprechen Sie ...
mit **dem** Mann? mit **dem** Herrn? mit **dem** Lehrer?	mit **der** Frau? mit **der** Dame? mit **der** Lehrerin?	mit **dem** Mädchen? mit **dem** Kind? mit **dem** Fräulein?
— Wohnst du in ... England? — Wohnen Sie in ... Deutschland? Spanien? Frankreich? Schweden? Russland?	— Sprichst du Englisch? — Sprechen Sie Deutsch? Spanisch? Französisch? Schwedisch? Russisch?	— Bist du /ein/ Engländer? — Sind Sie ... /ein/ Deutscher? /ein/ Spanier? /ein/ Franzose? /ein/ Schwede? /ein/ Russe?

— Bist du /eine/ Engländerin?   Ja, ich spreche Englisch.
— Sind Sie /eine/ Deutsche?   Ja, ...
          /eine/ Spanierin?   Ja, ...
          /eine/ Französin?   Ja, ...
          /eine/ Schwedin?   Ja, ...
          /eine/ Russin?   Ja, ...

MASCULINE	FEMININE	NEUTER
— Sprichst du … — Sprechen Sie …	— Sprichst du … — Sprechen Sie …	— Sprichst du … — Sprechen Sie …
mit **den** Männern? mit **den** Lehrern?	mit **den** Frauen? mit **den** Lehrerinnen?	mit **den** Mädchen? mit **den** Kindern?

Herr Müller in Schottland   30

Herr Müller erzählt:

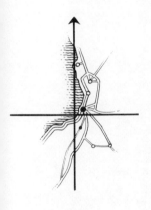

Im vorigen Sommer war ich mit meinem Auto und meiner Frau in Schottland. Mein Auto hat ein weisses D-Schild.

Ich habe eine grosse Strassenkarte von Schottland, aber natürlich ist die Karte nicht so genau. Manchmal fragte ich nach dem Weg. Einmal wollte ich nach Alloway fahren und das Haus von Robert Burns besuchen.

Zwei schottische Jungen zeigten mir den Weg. Sie sagten: „Fahren Sie diese Strasse immer geradeaus, und dann die zweite Strasse nach links. Dann kommt ein Wegweiser, und da müssen Sie rechts fahren. Alloway liegt ungefähr 20 km westlich von hier."

das Schild (-er)

Bald waren wir da. Die freundlichen Jungen wollen wir nächsten Sommer nach Deutschland einladen. Ich habe die Namen und Adressen aufgeschrieben.

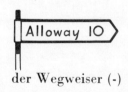

der Wegweiser (-)

Was bedeutet das D auf dem Schild?

Ein Tag mit Herrn Sauer

IV

Zuerst macht Herr Sauer einige Freiübungen. Dann duscht er. Dabei tritt er meistens auf die Seife. Dann zieht er sich an. Er hat Hosenträger und Gürtel — er ist Pessimist. Darauf fährt er mit der Strassenbahn zur Arbeit.

die Seife (-n)

duschen

Freiübungen

der Hosenträger (-)

der Gürtel (-)

Von acht Uhr morgens bis 5 Uhr abends arbeitet Herr Sauer in einem Büro. Er ist etwas kurzsichtig. Seine Brille sitzt ganz vorne auf der Nase.

Herr Sauer ist immer pünktlich. Er kommt nie zu spät.

die Brille (-n)

kurzsichtig

das Büro (-s)

giessen

In der Frühstückspause löst er Kreuzworträtsel, aber mit Bleistift. Auf dem Heimweg kommt er zu spät zur Strassenbahn. Er geht zu Fuss. Zu Hause geht er in den kleinen Garten und giesst seine Blumen. Er ist ein grosser Blumenfreund.

Herrn Sauers Kreuzworträtsel

A

1	2		3
4		■	
5		■	

Waagerecht

1. Seine Brille sitzt ganz vorne auf der —.
4. Herr Sauer arbeitet — einem Büro.
5. Wieviel Uhr ist es? — ist halb zwölf.

Senkrecht

1. Er kommt — zu spät.
2. an + das = —
3. Er ist — grosser Blumenfreund.

Bilderrätsel

B

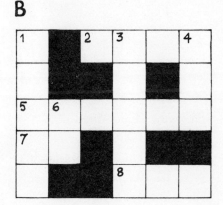

Waagerecht

2.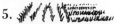

5.

7.

8.

Senkrecht

1.

3.

4.

6.

69

MASCULINE	FEMININE	NEUTER	MASC. FEM. NEUT.
NOM. Ist das **ein** Ball?	Ist das **eine** Lampe?	Ist das **ein** Heft?	Sind das ... zwei Bälle? zwei Lampen? zwei Hefte?
ACC. Hast du **einen** Ball?	Hast du ... **eine** Lampe?	Hast du **ein** Heft?	Hast du ... viele Bälle? viele Lampen? viele Hefte?
NOM. Ist **der** Ball (er) grau?	Ist **die** Lampe (sie) weiss?	Ist **das** Heft (es) blau?	Sind ... **die** Bälle grau? **die** Lampen weiss? **die** Hefte blau?
ACC. Siehst du **den** Ball (ihn)?	Siehst du **die** Lampe (sie)?	Siehst du **das** Heft (es)?	Siehst du **die** Bälle (sie)? **die** Lampen (sie)? **die** Hefte (sie)?

Ich kenne einen Mann.	Er kennt auch **mich**.
Du kennst einen Jungen.	Er kennt auch **dich**.
Karl (er) kennt eine Dame.	Sie kennt auch **ihn**.
Erika (sie) kennt einen Herrn.	Er kennt auch **sie**.
Das Kind (es) kennt eine Frau.	Sie kennt **es** auch.

70

Wir kennen einen Lehrer.   Er kennt auch **uns.**
Ihr kennt eine Lehrerin, Erika   Sie kennt auch **euch.**
und Hans.
Hans und Karl (sie) kennen   Er kennt auch **sie.**
einen Schauspieler.
Sie kennen einen Schutzmann,   Er kennt auch **Sie.**
Herr Müller.

Anton kommt zu Besuch | 31

das Hochhaus (⸚er)

das Gepäck

e Treppe (-n)

Guten Morgen! Hier bin ich wieder.

Heute kommt Anton zu Besuch. Anton wohnt auf dem Lande und fährt in die Stadt. Ich gehe zum Bahnhof und will ihn abholen.

Wir gehen zu Fuss — wie immer. Anton spart ja für ein neues Moped, und ich bin Sportler.

Es ist heiss, und wir schwitzen. Ich trage Antons Gepäck. Anton trägt nichts.

Ich wohne in einem Hochhaus, in einem kleinen, netten Zimmer im fünfzehnten Stock mit einer schönen Aussicht auf die Stadt. Mein Freund Anton ist neidisch und fragt: „Das ist sicher sehr teuer?" „Nein, ganz billig", sage ich, „das Haus hat nämlich keinen Fahrstuhl."

Der Aufstieg dauert eine halbe Stunde. Oben sinkt Anton müde auf die Treppe. Er ist nicht mehr neidisch, nur böse — ich habe nämlich sein Gepäck unten gelassen.

Warum trägt Anton nichts?

VERB	SUBJECT (NOMINATIVE)	PREDICATE (NOMINATIVE)	32
Ist	Hans	ein Junge?	
Ist	das Haus	die alte Schule?	
Ist	der Stuhl	ein Sessel?	
Ist	die Frau	eine Deutsche?	
Ist	diese Dame	deine Mutter?	
Bist	du	ein Mädchen?	
Bist	du	der neue Junge?	
Bin	ich	ein Lehrer?	

With *sein*

Same case after as before!

VERB	SUBJECT (NOMINATIVE)	OBJECT (ACCUSATIVE)
Hast	du	einen Bleistift?
Siehst	du	einen Schrank?
Bekommt	die Frau	eine Blume?
Kauft	ihr	ein Geschenk?
Verkauft	der Junge	das Rad?
Schreiben	die Schüler	ihre Aufgaben?
Schreibst	du	ein Buch?
Kennst	du	diesen Weg?

Other verbs

Subject in Nominative
Object in Accusative

die Schlange (-n)

Winterschlussverkauf 32

der Stoff (-e)

er Lampenschirm (-e)

Es ist Winterschlussverkauf. Vor den Waren-
häusern stehen Schlangen. Frau Süss kommt dazu
und stellt sich hinten an. In der Schlange warten
viele Hausfrauen und alte Männer. Es ist eine
geduldige Schlange. Nur langsam geht es vorwärts. Man kämpft um Reste.

Endlich sieht Frau Süss etwas Passendes und
ruft: „Geben Sie mir bitte diesen Stoff." Der Verkäufer ist ein erfahrener Mann. Er antwortet: „Es
tut mir leid, meine Dame, aber das ist der Lampenschirm."

Sind die Waren im Winterschlussverkauf
billig oder teuer?

(die Nase)	(die Nase)	(die Decke)	
des Mannes	**der** Frau	**des** Zimmers	33

Wie ist ...	Wie ist ...	Wie ist ...
der Kopf **des** Mannes?	das Haar **der** Frau?	die Lampe **des** Zimmers?
der Mund **des** Mannes?	das Gesicht **der** Frau?	der Tisch **des** Zimmers?
die Nase **des** Mannes?	die Stirn **der** Frau?	das Fenster **des** Zimmers?

Wo ist August?

die Plakatsäule (-n)

Bekanntmachung

Die Polizei sucht August. Nachname ist unbekannt. August ist seit Dienstag nicht zur Arbeit gekommen. Er ist verschwunden. Bei Anton ist er auch nicht.

Das Gesicht des Mannes ist oval, die Augen des Mannes sind blau, die Nase ist gross, das Haar ist lockig. August hat eine Narbe auf der Stirn.
Die Kleidung des Herrn:

> Die Farbe des Mantels ist braun.
> Die Farbe der Schuhe ist schwarz.
> Die Farbe der Strümpfe ist blau.

Die Polizei ist für alle Angaben dankbar.

Was ist mit August los?

SINGULAR

N Der Ball ist rund.	Die Lampe ist hell.	Das Heft ist viereckig.
A Du siehst den Ball.	Du siehst die Lampe.	Du siehst das Heft.
D Du spielst mit dem Ball.	Das Kind spielt mit der Lampe.	Peter spielt mit dem Heft.
G Die Form des Balles ist rund.	Die Farbe der Lampe ist hell.	Die Form des Heftes ist viereckig.

PLURAL

N Die Bälle sind rund.	Die Lampen sind hell.	Die Hefte sind viereckig.
A Du siehst die Bälle.	Du siehst die Lampen.	Du siehst die Hefte.
D Du spielst mit den Bällen.	Das Kind spielt mit den Lampen.	Peter spielt mit den Heften.
G Die Form der Bälle ist rund.	Die Farbe der Lampen ist hell.	Die Form der Hefte ist viereckig.

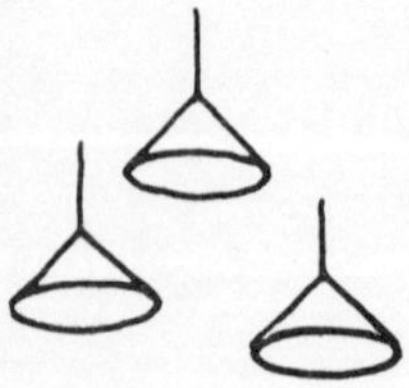

Also with *mein, dein, sein, ihr, unser, euer, ihr, Ihr, dieser, welcher.*

Einmal zweiter Glückstadt hin und zurück
(Eine Fahrkarte zweiter Klasse nach Glückstadt und zurück)

der Schaffner (-)

Karl im Zug | 34

RAUCHER
NICHTRAUCHER
RAUCHEN
    VERBOTEN

der Diamant [-en] (-en)

Karl will seine Tante besuchen. Sie wohnt in einer anderen Stadt. Sie ist die Schwester seines Vaters und seine Lieblingstante. Bei ihr kann er immer viel essen.

Er kauft eine Rückfahrkarte und setzt sich in ein Nichtraucherabteil. Aus der rechten Jackentasche zieht Karl den Kriminalroman „Die Sache mit den Diamanten" und aus der linken ein Butterbrot von zu Hause. Das Buch ist sehr spannend. Der Schaffner kommt und knipst die Fahrkarte. Karl überlegt: „Wer hat die Diamanten gestohlen?"

Als er es weiss, ist er schon zwanzig Kilometer zu weit gefahren. Karl merkt es endlich und steigt aus. Er hat nur fünf Mark in der Tasche. Und es ist schon spät.

Was tut er?

Kauft er noch ein Butterbrot?

Erika tanzt

V

Erika ist mit den Aufgaben fertig. Sie geht zu
Frau Süss und kommt mit der kleinen Katze
zurück. Das tut sie manchmal. Erikas dicker Hund
schläft.

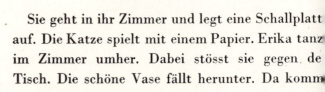

Sie geht in ihr Zimmer und legt eine Schallplatt
auf. Die Katze spielt mit einem Papier. Erika tanz
im Zimmer umher. Dabei stösst sie gegen de
Tisch. Die schöne Vase fällt herunter. Da komm

stossen

herunterfallen

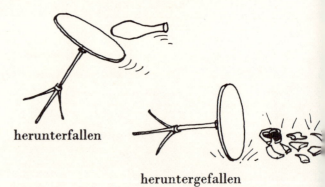

heruntergefallen

Mutter herein und fragt: „Was ist denn los?"
„Die Katze war auf dem Tisch, und da ist di
Vase heruntergefallen!"

Die Katze bekommt einen Klaps und muss zu Frau Süss zurück.

der Klaps (-e)

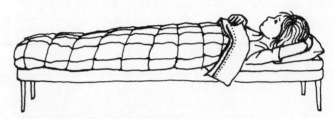

Den ganzen Abend hat Erika schlechte Laune. Sie kann nicht schlafen. Sie steht noch einmal auf und geht zur Mutter.

Was sagt sie wohl?

Bilderrätsel

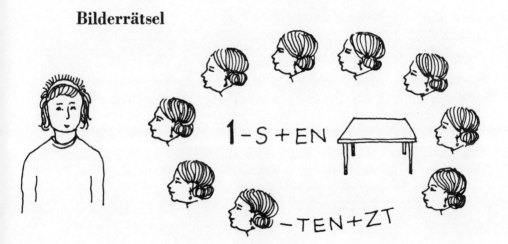

$$1 - S + EN$$

$$- TEN + ZT$$

MASCULINE	FEMININE	NEUTER	PLURAL

MASCULINE	FEMININE	NEUTER	PLURAL
Gehst du **durch** **den** Wald?	Gehst du **durch** **die** Tür?	Gehst du **durch** **das** Tor?	Gehst du **durch** **die** Wälder? **die** Türen? **die** Tore?
Ist das Paket **für** **den** Mann?	Ist das Paket **für** **die** Frau?	Ist das Paket **für** **das** Kind?	Ist das Paket **für** **die** Männer? **die** Frauen? **die** Kinder?
Läufst du **gegen** **den** Schrank?	Läufst du **gegen** **die** Wand?	Läufst du **gegen** **das** Fenster?	Läufst du **gegen** **die** Schränke? **die** Wände? **die** Fenster?
Lernst du **ohne** /**einen**/ Bleistift?	Lernst du **ohne** /**eine**/ Lampe?	Lernst du **ohne** /**ein**/ Buch?	Lernst du **ohne** /**die**/ Bleistifte? /**die**/ Lampen? /**die**/ Bücher?
Fährst du **um** **den** Park?	Fährst du **um** **die** Stadt?	Fährst du **um** **das** Haus?	Fährst du **um** **die** Parks? **die** Städte? **die** Häuser?

das Licht (-er)

das Geräusch (-e)

Herr Sauer fährt Auto | 35

der Unfall (⸚e)

Herr Sauer hat schlechte Laune wie immer. Er denkt wieder an die schlechten Zeiten, die hohen Steuern und die vielen Unfälle. Heute muss er durch die ganze Stadt fahren. Da sieht er plötzlich rotes Licht. Er will bremsen, aber es ist zu spät! Er hört ein Geräusch. Er ist gegen ein anderes Auto gefahren. Herr Sauer ist sauer und der andere Mann ist wütend. Da kommt ein Polizist um die Ecke. Er will alles wissen.

Herr Sauer muss die Kosten für den Schaden bezahlen. Ohne gute Laune soll man nicht Auto fahren.

Ist schlechte Laune teuer oder billig?

Wirst du böse?

1.
Hans, **wirst du** leicht böse?

Ja, **ich werde** leicht böse.

2.
Wird Karl leicht böse?

Nein, **er wird** nicht leicht böse.

5.
Werdet ihr leicht böse, Hans und Erika?

Ja, **wir werden** leicht bö

3.
Wird Erika leicht böse?

Ja, **sie wird** leicht böse.

6.
Karl, **werden Erika und Hans** leicl böse?

Ja, **sie werden** leicht bös

4.
Wird das Kind leicht böse?

Ja, **es wird** leicht böse.

7.
Werden Sie leicht böse, Herr Mülle

Ja, **ich werde** leicht böse.

— **Kannst du** Fussball spielen?

— Ja, **ich kann** Fussball spielen.

— **Darfst du** ins Kino gehen?

— Ja, **ich darf** . . .

— **Willst du** ein Stück Torte haben?

— Ja, **ich will** . . .

— **Musst du** in die Schule gehen?

— Ja, **ich muss** . . .

— **Sollst du** um 9 Uhr zu Hause sein?

— Ja, **ich soll** . . .

das Flugzeug (-e)

Auf dem Flugplatz | 36

ein Reisender

die Brille (-n)

Hans: „Wann kommt das Flugzeug aus
New York?"
— „Keine Ahnung!"

Hans soll seinen Onkel aus Amerika vom Flugplatz abholen. Er ist pünktlich da und wartet
ungeduldig. Wird er kommen? Viele Flugzeuge
starten und landen. Hans wird unruhig. Da kommt
ein Flugzeug. Die Reisenden steigen aus, aber
Onkel Bill ist nicht dabei.

Onkel Bill hatte geschrieben: „Ich habe kurzes
Haar, eine schwarze Brille und rote Strümpfe. Ich
bin gross, aber unbewaffnet."

Hans wird ärgerlich und fährt zurück. Zu Hause
sitzt Onkel Bill im Sofa.

Wie kommt das?

Darf ich
Darfst du
Darf Karl (er)   } morgens
Darf Erika (sie)   schlafen?
Darf das Kind (es)

Dürfen wir   37
Karl und Erika,
dürft ihr
Dürfen Karl und } abends lesen?
Erika (sie)
Herr Müller,
dürfen Sie

Kann ich
Kannst du
Kann er   } gut zeichnen?
Kann sie
Kann es

Können wir
Könnt ihr
Können sie } schnell laufen?
Können Sie

Muss ich
Musst du
Muss er   } jeden Tag lernen?
Muss sie
Muss es

Müssen wir
Müsst ihr
Müssen sie } nachts arbeiten?
Müssen Sie

Soll ich
Sollst du
Soll er   } um 8 Uhr in der
Soll sie   Schule sein?
Soll es

Sollen wir
Sollt ihr
Sollen sie } heute spät arbeiten?
Sollen Sie

Will ich
Willst du
Will er   } nachmittags baden?
Will sie
Will es

Wollen wir
Wollt ihr
Wollen sie } vormittags singen?
Wollen Sie

Wirst du		Werden wir	
Wird er	morgen Gäste haben?	Werdet ihr	übermorgen spülen?
Wird sie		Werden sie	
Wird es		Werden Sie	

Frau Süss hat Gäste 37

der Gast (⸚e)

die Scherbe (-n)

das Badezimmer (-)

Frau Süss ist optimistisch wie immer. Heute abend hat sie Gäste. Sie sollen um acht Uhr kommen.

Jetzt ist es sieben Uhr. Frau Süss will sich noch schnell die Haare legen, sich umziehen, im Haus sauber machen, spülen, den Tisch decken und Kaffee kochen. Auch ihre Katze Molle muss etwas zu fressen haben.

Beim Spülen gehen zwei Teller und ein Glas kaputt, beim Abtrocknen fällt eine Tasse auf den Fussboden. „Scherben bringen Glück!"

„Darf man eintreten?" rufen die Gäste. Aber Frau Süss hört es nicht. Sie ist im Badezimmer und legt sich die Haare. Sie kann ja nicht alles auf einmal machen.

Was tun die Gäste?

85

Karl in der Küche

VI

Karl kommt heute ganz früh aus der Schule. Seine Mutter ist nicht zu Hause. Er ist ganz allein. In der Küche steht ein Teller mit schönen Broten. Die sind für die Gäste. Das weiss er.

Karl bleibt in der Küche. „Du darfst aber nichts nehmen!" sagt eine Stimme. „Warum nicht? Eins kannst du doch nehmen, das merkt die Mutter nicht!" sagt die andere Stimme. Karl nimmt eins. Das merkt die Mutter sicher nicht.

die Küche (-n)

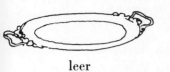

leer

„Du kannst ruhig noch eins nehmen, es sind ja noch so viele da!" sagt die Stimme weiter. Karl nimmt noch eins. Bald ist der Teller leer.

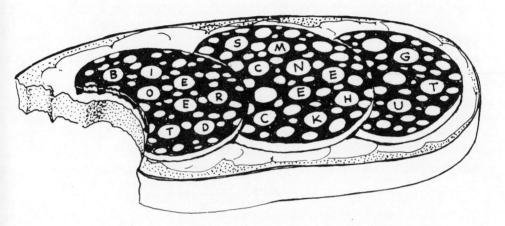

Im Butterbrot ist ein Satz. Welcher Satz?

Mutter kommt aus der Stadt zurück. Sie wird sehr böse.

Bekommt Karl eine Strafe?

die Strafe (-n)

MASCULINE	FEMININE	NEUTER	PLURAL
Trinkst du **aus** **dem** Becher?	Trinkst du **aus** **der** Tasse?	Trinkst du **aus** **dem** Glas?	Trinkst du **aus** **den** Bechern? **den** Tassen? **den** Gläsern?
Sitzt du **bei deinem** Vater?	Sitzt du **bei deiner** Mutter?	Sitzt du **bei meinem** Kind?	Sitzt ihr **bei euren** Freunden?
Spielst du **mit dem** Ball?	Spielst du **mit der** Puppe?	Spielst du **mit dem** Spielzeug?	Spielst du **mit den** Bällen?
Schläfst du **nach dem** Ausflug?	Schläfst du **nach der** Reise?	Schläfst du **nach dem** Spiel?	Schläfst du **nach den** Ferien?
Bekommst du Schläge **von deinem** Freund?	Bekommst du Schläge **von deiner** Tante?	Bekommst du Schläge **von dem** Mädchen?	Bekommt ihr Schläge **von den** Schülern?
Gehst du **zu dem** Arzt?	Gehst du **zu deiner** Mutter?	Gehst du **zu dem** Kind?	Geht ihr **zu euren** Eltern?

Frau Süss fährt weg | 38

Frau Süss ist ziemlich rund. Sie möchte aber gern dünner werden.

Seit einigen Tagen ist sie verschwunden. Einmal im Jahr geht sie nämlich zum Bahnhof und fährt aus der Stadt fort.

Molle, die kleine Katze, fährt mit ihr. Nach drei Tagen bekommt Erika eine Ansichtskarte. Darauf steht: „Wie geht es dir? Mir geht es gut. Ich wohne wieder in meinem Kurort wie im vorigen Jahr. Hier darf ich nicht so viel essen. Aber bald bin ich ja wieder zu Hause. Molle ist wie immer bei mir.

Herzliche Grüsse
von Deiner Nachbarin

Frau Süss."

Warum will Frau Süss wieder nach Hause?

MASCULINE	FEMININE	NEUTER	PLURAL
Gibst du	Gibst du	Gibst du	Gibst du
			deinen Freunden
einem Freund (**ihm**)	**einer** Lehrerin (**ihr**)	**einem** Kind (**ihm**)	**deinen** Lehre- rinnen **meinen** Kindern (**ihnen**)
eine Ohrfeige?	eine Blume?	einen Hut?	Ohrfeigen? Blumen? Hüte?
Gibst du	Gibst du	Gibst du	Gibst du
			den Männern
dem Mann (**ihm**)	**der** Frau (**ihr**)	**dem** Mädchen (**ihm**)	**den** Frauen **den** Mädchen (**ihnen**)
ein Buch?	ein Paket?	ein Geschenk?	Bücher? Pakete? Geschenke?

90

Die Zahnbürste 39

ie Zahnbürste (-n)

Herr Müller hat es heute eilig. Er soll einkaufen
und geht von Geschäft zu Geschäft. Überall sagt
er: „Geben Sie mir bitte alles, was auf der Liste
steht." Das Fräulein fragt: „Darf es sonst noch
etwas sein?" — „Nein, danke," sagt Herr Müller,
„ich habe es eilig. Ich glaube, ich habe alles."
Da fällt ihm etwas ein. Er hat *doch* etwas vergessen. „Geben Sie mir bitte auch eine Zahnbürste!" „Nur eine oder noch eine für Ihre Frau?"
— „Nein, danke", sagt Herr Müller, „sie braucht
noch keine. Ich gebe meiner Frau immer die
alte ... Sie bürstet ihre Schuhe damit."

Dann bezahlt er und geht schnell hinaus.

Warum muss Herr Müller einkaufen?
Kauft er seiner Frau eine Blume?

	MASCULINE	FEMININE	NEUTER	PLURAL
MASC.	Denkt Herr Sauer mit **seinem** Kopf?	Riecht Herr Sauer mit **seiner** Nase?	Lacht Herr Sauer mit **seinem** Gesicht?	Arbeitet Herr Sauer mit **seinen** Armen?
FEM.	Denkt Frau Süss mit **ihrem** Kopf?	Riecht Frau Süss mit **ihrer** Nase?	Lacht Frau Süss mit **ihrem** Gesicht?	Arbeitet Frau Süss mit **ihren** Armen?
NEUT.	Denkt das Kind mit **seinem** Kopf?	Riecht das Kind mit **seiner** Nase?	Lacht das Kind mit **seinem** Gesicht?	Arbeitet das Kind mit **seinen** Armen?
PLUR.	Denken die Schüler mit **ihren** Köpfen?	Riechen die Schüler mit **ihren** Nasen?	Lachen die Schüler mit **ihren** Gesichtern?	Arbeiten die Schüler mit **ihren** Armen?

der Fluss (¨e)

das Pferd (-e)

die Kuh (¨e)

das Huhn (¨er)

das Schaf (-e)

Erika auf dem Lande 40

der Apfel (¨)

die Birne (-n)

die Pflaume (-n)

Jeden Sommer wohnt Erika einige Wochen bei ihrem Onkel auf dem Lande. Ihr Onkel hat einen grossen Bauernhof. Ihre Arbeit auf dem Hof ist anstrengend. Jeden Morgen steht sie früh auf und füttert die Tiere. Es gibt Pferde, Kühe, Schweine, Schafe und Hühner. Erika hat auch ihren Hund mit. Onkel Willi ist den ganzen Tag an der Arbeit. Sein Garten und seine Felder sind sehr gross. Im Garten pflückt Erika Äpfel, Birnen und Pflaumen. Sie ist mit ihrer Arbeit sehr zufrieden. Nach den Wochen auf dem Lande kehrt Erika braungebrannt zu ihren Eltern in die Stadt zurück.

Was machst *du* im Sommer?

Du!

Karl!
Steh/e/ auf!
Geh/e/ an die Tafel!
Schreib/e/ ein Wort!

Setz/e/ dich!
Sei ruhig!

Wir!

Stehen wir alle auf!
Singen wir ein Lied!
Schreien wir nicht!

Setzen wir uns!
Seien wir froh!

Ihr!

Tretet ein!
Setzt euch!
Öffnet eure Bücher!

Lest auf deutsch!
Seid fleissig!

Sie!

Schreiben Sie bitte an die Tafel, Herr Müller!
Zeichnen Sie bitte einen Mann, Herr Müller!
Lesen Sie bitte auf deutsch, Herr Müller!
Trinken Sie bitte eine Tasse Kaffee, Herr Müller!
Seien Sie nicht böse, Herr Müller!

41

Der Brief nach Schottland

Herr Müller kommt in die Klasse und sagt:
„Gestern habe ich einen Brief nach Schottland ge-
schrieben."
„Wollt ihr hören, was ich geschrieben habe?"
„Ja, bitte lesen Sie, Herr Müller!"
„Also, hört gut zu!"

Lieber Jim, lieber Martin!

In der Schule habe ich oft von Euch erzählt.
Wir haben Euch nicht vergessen. Kommt doch zu
uns in diesem Sommer! Wir freuen uns auf Euren
Besuch. Aber bringt gutes Wetter mit!

Schreibt uns, wann es Euch passt! Willkommen
hier bei uns! Lernt Deutschland einmal richtig
kennen, so wie ich Schottland kennengelernt habe!

Seid herzlich gegrüsst von

Eurem Herrn Müller.

D. Sitzt Karl **am (an dem)** Tisch? Wo?

A. Setzt sich Karl **an den** Tisch? Wohin?

D. Liegt das Buch **auf dem** Tisch? Wo?

A. Legt Karl das Buch **auf den** Tisch? Wohin?

D. Steht Karl **hinter dem** Mann? Wo?

A. Stellt sich Karl **hinter den** Mann? Wohin?

D. Ist Karl **im (in dem)** Zimmer? Wo?

A. Geht Karl **ins (in das)** Zimmer? Wohin?

D. Sitzt Karl **neben der** Dame? Wo?

A. Setzt sich Karl **neben die** Dame? Wohin?

D. Ist der Mond **über dem** See? Wo?

A. Fährt Karl **über den** See? Wohin?

96

D. Steht Karl **unter dem** Regenschirm? Wo?

A. Stellt sich Hans auch **unter den** Regenschirm? Wohin?

D. Liegt der Hund **vor der** Tür? Wo?

A. Legt sich der Hund **vor die** Tür? Wohin?

D. **Steht Karl zwischen den** Männern? Wo?

A. Stellt sich Karl **zwischen die** Männer? Wohin?

 der Berg (-e)   die Wolke (-n)

Der Klassenausflug | 42

 das Tal (-̈er)

das Dorf (-̈er)

 die Hütte (-n)

 der Stiefel (-)

Hans, Erika und Karl machen mit ihrer Klasse einen Klassenausflug. Sie wollen in die Berge zum Wandern. Früh um sechs Uhr geht es los. Alle haben Rucksäcke und feste Stiefel. Viele von ihnen sind Pfadfinder. Der Aufstieg ist anstrengend. An einer Hütte machen sie halt. Tief unter ihnen liegt ein Dorf. Zwischen den Bergen liegen tiefe Täler. Hinter ihnen geht jetzt die Sonne auf, aber vor ihnen steht dichter Nebel. Über ihnen hängen noch tiefe Wolken. Nach zwei Stunden sind sie oben auf dem Berg. Sie haben eine herrliche Aussicht.

Bist du auch Pfadfinder?

(der Kopf)	(die Schule)	(das Fenster)
des Verkäufers	**der** Stadt	**des** Geschäfts

Wie ist …	Wie ist …	Wie ist …
der Hut **des** Ver-käufers?	die Kirche **der** Stadt?	der Verkäufer **des** Geschäfts?
das Fahrrad **des** Ver-käufers?	der Platz **der** Stadt?	der Käse **des** Ge-schäfts?

• LEBENSMITTEL •

See page 31.

Karl arbeitet

der Sitz (-e)

der Zettel (-)

Karls Onkel hat ein Lebensmittelgeschäft. Manchmal hilft Karl mit, besonders, wenn er Geld braucht. Meistens fährt er dann mit dem Fahrrad seines Onkels durch die Stadt.

Der Sitz des Fahrrads ist eigentlich zu hoch, denn die Beine des Onkels sind sehr lang. Karl muss sich sehr anstrengen.

Er kennt die Strassen und Plätze der Stadt gut, fast so gut wie ein Taxifahrer. Karl muss Lebensmittel ausfahren. In der Tasche hat er einen Zettel mit zehn Adressen. Oft bekommt Karl ein Trinkgeld. Nächstes Jahr wird Karl 15 Jahre alt. Dann darf er Moped fahren. Das wird ein glücklicher Augenblick seines Lebens.

> Braucht Karl einen Führerschein?

Hitzefrei

VII

Es ist ein heisser Tag. Die ganze Schule hat hitzefrei. Hans geht sofort ins Schwimmbad. Da sind
immer viele Leute. Sogar Herr Müller ist heute da.

Herr Müller geht gerade zum 5-Meter-Brett
und springt ins Wasser. Das 5-Meter-Brett sieht
sehr hoch aus; viel höher als fünf Meter.

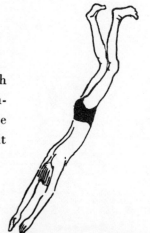

Hans hat es nie versucht. „Eigentlich muss ich
es einmal versuchen!" Vorsichtig klettert er hinauf. Das Brett ist nass. Unten stehen viele Leute
und sehen nach oben. Das Wasser ist ganz weit
unter ihm.

„Nein, ich gehe wieder zurück", denkt er. Da
ruft jemand. Unten steht Erika und winkt. Hans
wird rot im Gesicht. Erika sieht es aber nicht.
Dann springt er.

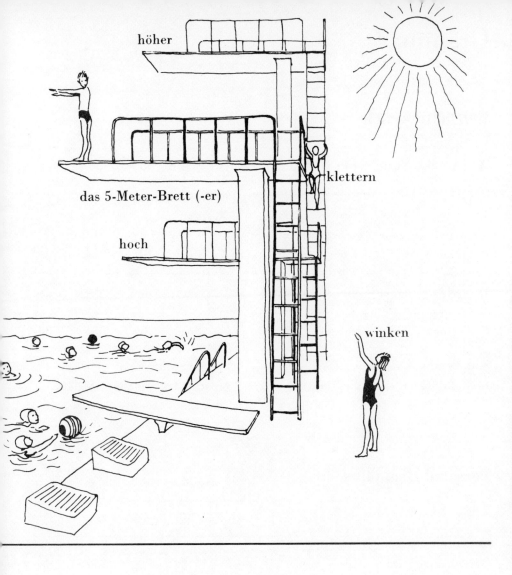

höher

das 5-Meter-Brett (-er)

hoch

klettern

winken

Auf Wiedersehen
im nächsten Jahr!

Grammar

Indefinite Article

A	MASC.	FEM.	NEUT.	PLUR.
N.	ein	eine	ein	meine
A.	einen	eine	ein	meine
D.	einem	einer	einem	meinen
G.	eines	einer	eines	meiner

Same endings as above: **mein, dein, sein, ihr, unser, euer, ihr, Ihr.**

Definite Article

B	MASC.	FEM.	NEUT.	PLUR.
N.	der	die	das	die
A.	den	die	das	die
D.	dem	der	dem	den
G.	des	der	des	der

Same endings as above: **dieser, jener, jeder, welcher, solcher.**

Personal Pronouns

	1	2	3			1	2	3	
N.	ich	du	er	sie	es	wir	ihr	sie	Sie
A.	mich	dich	ihn	sie	es	uns	euch	sie	Sie
D.	mir	dir	ihm	ihr	ihm	uns	euch	ihnen	Ihnen

102

Cases

	SING.			PLUR.	
	M	F	N	M.F.N	
NOM	der	die	das	die	Der Mann ist alt. Die Dame ist schön. Das Buch ist grün. Die Damen sind schön.
ACC	den	die	das	die	Acc. object $\left\{ \begin{array}{l} \text{Ich sehe den Mann.} \\ \text{Er liest das Buch.} \end{array} \right.$ Prep. 1 + acc. $\left\{ \begin{array}{l} \text{Das Kind geht durch den Garten.} \\ \text{Das Paket ist für den Mann.} \end{array} \right.$
DAT	dem	der	dem	den	Dative object $\left\{ \begin{array}{l} \text{Er gibt dem Mann das Buch.} \\ \text{Ich gebe der Frau ein Geschenk.} \end{array} \right.$ Prep. 2 + dat. $\left\{ \begin{array}{l} \text{Er spricht mit dem Mann.} \\ \text{Er kommt von der Stadt.} \end{array} \right.$
GEN	des	der	des	der	Der Hut des Mannes ist alt. Die Handtasche der Frau ist modern. Das Fahrrad des Kindes ist neu. Die Bücher der Kinder sind teuer.

1	2	1 or 2
durch, für, gegen, ohne, um.	aus, bei, mit, nach, seit, von, zu.	an, auf, hinter, in, neben, über, unter, vor, zwischen.

Adjective

A	MASCULINE	FEMININE	NEUTER	PLURAL
N.	ein runder Ball	eine rote Lampe	ein neues Heft	meine roten Blumen
A.	einen runden Ball	eine rote Lampe	ein neues Heft	meine roten Blumen
D.	einem runden Ball	einer roten Lampe	einem neuen Heft	meinen roten Blumen
G.	eines runden Balles	einer roten Lampe	eines neuen Heftes	meiner roten Blumen

B	MASCULINE	FEMININE	NEUTER	PLURAL
N.	der runde Ball	die rote Lampe	das neue Heft	die roten Blumen
A.	den runden Ball	die rote Lampe	das neue Heft	die roten Blumen
D.	dem runden Ball	der roten Lampe	dem neuen Heft	den roten Blumen
G.	des runden Balles	der roten Lampe	des neuen Heftes	der roten Blumen

Prepositions

A Prepositions followed by the Accusative Case:

durch Das Kind geht durch **den** Garten.
für Das Mädchen arbeitet für ihre Mutter.
gegen Erika spielt Tennis gegen ihren Freund.
ohne Der Schüler kommt ohne **sein** Buch.
um Die Bäume stehen um **das** Haus.

B Prepositions followed by the Dative Case:

aus Der Lehrer kommt aus **der** Schule.
bei Das Kind wohnt bei **seinem** Onkel.
mit Karl spielt mit seiner Freundin.
nach Nach **dem** Theaterbesuch gehen wir ins Café.
seit Seit **dem** Ende des Monats ist er krank.
von Peter bekommt ein Geschenk von seinem Freund.
zu Jeden Tag geht er zu **dem** Schwimmbad.

C **An, auf, hinter, in, neben, über, unter, vor** and **zwischen** may take the Accusative or Dative Case (see page 96).

{ Das Buch liegt auf **dem** Tisch.
{ Er legt das Buch auf **den** Tisch.

{ Er geht sofort **ins** Zimmer.
{ Sie bleibt den ganzen Tag **im** Wohnzimmer.

{ Die Jungen stehen unter **einem** Baum.
{ Die Jungen stellen sich unter **einen** Baum.

The Verb

SEIN		HABEN	
ich bin		ich habe	
du bist	sei!	du hast	hab!
er ist		er hat	
wir sind		wir haben	
ihr seid	seid!	ihr habt	habt!
sie (Sie) sind	seien Sie!	sie (Sie) haben	haben Sie!

Regular verb:

SPIELEN		ARBEITEN	
ich spiele		ich arbeite	
du spielst	spiel!	du arbeitest	arbeite!
er spielt		er arbeitet	
wir spielen		wir arbeiten	
ihr spielt	spielt!	ihr arbeitet	arbeitet!
sie (Sie) spielen	spielen Sie!	sie (Sie) arbeiten	arbeiten Sie!

FAHREN		
ich fahre		similarly: fallen
du fährst	fahr!	fangen
er fährt		schlafen
wir fahren		waschen
ihr fahrt	fahrt!	lassen
sie (Sie) fahren	fahren Sie!	

ESSEN		
ich esse		similarly: geben (er gibt)
du isst	iss!	nehmen (er nimmt)
er isst		sprechen (er spricht)
wir essen		
ihr esst	esst!	
sie (Sie) essen	essen Sie!	

LESEN		WISSEN
ich lese		ich weiss
du liest	lies!	du weisst
er liest		er weiss
wir lesen		wir wissen
ihr lest	lest!	ihr wisst
sie (Sie) lesen	lesen Sie!	sie (Sie) wissen

Similarly: *sehen*

Modal Verbs

DÜRFEN	ich darf	KÖNNEN	ich kann
	du darfst		du kannst
	er darf		er kann
	wir dürfen		wir können
	ihr dürft		ihr könnt
	sie (Sie) dürfen		sie (Sie) können

MÜSSEN	ich muss	SOLLEN	ich soll
	du musst		du sollst
	er muss		er soll
	wir müssen		wir sollen
	ihr müsst		ihr sollt
	sie (Sie) müssen		sie (Sie) sollen

WERDEN	ich werde	WOLLEN	ich will
	du wirst		du willst
	er wird		er will
	wir werden		wir wollen
	ihr werdet		ihr wollt
	sie (Sie) werden		sie (Sie) wollen

Separable verbs

áufmachen	Karl, **mach** die Tür **auf!**
	Er **macht** die Tür sofort **auf.**
	Ich will die Tür **aufmachen.**
áufwachen	Er **wacht** um 8 Uhr **auf.**
áufstehen	Er will nicht sofort **aufstehen.**
sich áusstrecken	Er **streckt** sich langsam **aus.**
ábstellen	Er **stellt** den Wecker **ab.**
sich ánziehen	Endlich **steht** er **auf** und **zieht sich an.**

Karl, steh sofort auf! Karl und Erika, steht sofort auf!
Herr Müller, stehen Sie auf!

Reflexive verbs

SICH WASCHEN		SICH ANZIEHEN	
ich wasche mich		ich ziehe mich an	
du wäscht dich	wasch dich!	du ziehst dich an	zieh dich an!
er wäscht sich		er zieht sich an	
wir waschen uns		wir ziehen uns an	
ihr wascht euch	wascht euch!	ihr zieht euch an	zieht euch an!
sie (Sie) waschen sich	waschen Sie sich!	sie (Sie) ziehen sich an	ziehen Sie sich an!

Classified Vocabulary

Common Noun Types

der Ball (¨e)	die Lampe (-n)	das Heft (-e)
der Stuhl (¨e)	die Zei'tung (-en)	das Stück (-e)
der Tisch (-e)	die Katze (-n)	das Boot (-e)
der Hut (¨e)	die Puppe (-n)	das Pake't (-e)
der Blei'stift (-e)	die Kirche (-n)	das Gesche'nk (-e)
der Korb (¨e)	die Tafel (-n)	das Bett (-en)

The House

der Schrank (¨e)	die Wand (¨e)	das Radio (-s)
der Sessel (-)	die Wohnung (-en)	das Buch (¨er)
der Fu'ssboden (¨)	die Decke (-n)	das Zimmer (-)
der Teppich (-e)	die Mappe (-n)	das Fenster (-)
der Ku'gelschreiber (-)	die Gardine (-n)	das Bild (-er)
der Wecker (-)	die Tür (-en)	das Sofa (-s)

Parts of the Body

der Kopf (¨e)	die Nase (-n)	das Auge (-n)
der Finger (-)	die Schulter (-n)	das Gesi'cht (-er)
der Arm (-e)	die Zunge (-n)	das Bein (-e)
die Mund (¨er)	die Backe (-n)	das Ohr (-en)
der Hals (¨e)	die Hand (¨e)	das Haar (-e)
der Fuss (¨e)	die Stirn (-en)	das Herz [-ens] (-en)

Living Things

der Mann (¨er)	die Frau (-en)	das Kind (-er)
der Lehrer (-)	die Le'hrerin (-nen)	das Fräulein (-)
der Bruder (¨)	die Schwester (-n)	das Schwein (-e)
der Vater (¨)	die Mutter (¨)	das Mädchen (-)
der Schüler (-)	die Schü'lerin (-nen)	das Schaf (-e)
der Onkel (-)	die Tante (-n)	das Pferd (-e)

Clothing

der Mantel (¨)	die Jacke (-n)	das Hemd (-en)
der Strumpf (¨e)	die Hose (-n)	das Band (¨er)
der Rock (¨e)	die Tasche (-n)	das Ta'schentuch (¨er)
der A'nzug (¨e)	die Bluse (-n)	das Kleid (-er)
der Schuh (-e)	die Mütze (-n)	das Kostüm (-e)
der Ha'ndschuh (-e)	die A'rmbanduhr (-en)	das Kopftuch (¨er)

At the Table

der Teller (-)	die Tasse (-n)	das Glas (¨er)
der Topf (¨e)	die Schüssel (-n)	das Tischtuch (¨er)
der Kaffee	die Ka'ffeekanne (-n)	das Ei (-er)
der Löffel (-)	die Gabel (-n)	das Messer (-)
der Zucker	die Flasche (-n)	das Brot (-e)
der Tee	die Butter	das Salz

Out on the Street

der Weg (-e)	die Strasse (-n)	das Feld (-er)
der Baum (¨e)	die Brücke (-n)	das Gras (¨er)
der Garten (¨)	die Sonne (-n)	das Haus (¨er)
der Bus (-se)	die Fähre (-n)	das Auto (-s)
der Zug (¨e)	die Strassenbahn (en)	das Fa'hrrad (¨er)
der Wagen (-)	die Ha'ltestelle (-n)	das Flu'gzeug (-e)

ADJECTIVES

alt	jung	rund	viereckig
müde	munter	alt	neu
stark	schwach	gut	schlecht
gross	klein	schön	hässlich
dick	dünn	böse	lieb
sauber	schmutzig	froh	traurig
weiss	schwarz	dick	mager
rot	grün	kurz	lang
blau	gelb	hart	weich
braun	grau	faul	fleissig
leer	voll	schnell	langsam
billig	teuer	hungrig	satt
leicht	schwer		

Chapter Word Lists

Genitive singular is given in square brackets, plural in round brackets.

1

ist is
das that
ein a
ja yes
nein no
kein not a
was? what?
wessen? whose?
Hut hat
klein small
gross big
sein his
alt old
ihr her
neu new
ein Lehrer a teacher
kommt, kommen to come
ins Kla'ssenzimmer into the classroom
da there
liegt, liegen to be lying
der Lehrer the teacher
fragt, fragen to ask
fleissig hard-working
und and
antwortet, antworten to answer
oder or
jetzt now
weiss, wissen to know
endlich at last
faul lazy

2

nicht not

in der Schule in the school
er he, it
der Junge the boy
jeder every, each
zu Hause at home
das weiss ich nicht I don't know
ich I
frage! ask
mich me
wo? where?
der blaue Ball the blue ball

3

ein Schu'ljunge schoolboy
aber but, however
immer always
auf dem Fu'ssballplatz on the football ground
auf on
spielt, spielen to play
sehr very
gern spielen to like playing
der Fussball football
Au'fgaben homework
macht, machen to do, make
so so
nach dem Fussballspiel after the football match
nach after
geht, gehen to go
nach Hause gehen to go home
nass wet
ganz quite, thoroughly
muss, müssen, to have to

111

sofo′rt immediately
baden to have a bath
auch too, also
wann? when?

4

die Mütze cap
seine his
ihre her
eine Le′hrerin a teacher (lady)
im Kla′ssenzimmer in the classroom
hängt, hangen to hang
auch also
sie she
eine Schü′lerin a schoolgirl
froh happy
lacht, lachen to laugh

5

im Zimmer in the room
sie it
jede each, every
a′lso then
die weisse Lampe the white lamp

6

das Schu′lmädchen schoolgirl
jeden Tag every day
sie hat she has
viele many, a lot of
heute today
will, wollen to want to
machen to do
nä′mlich as it happens
eine neue Scha′llplatte a new
  gramophone record
gleich immediately
hören to hear
erst first

die Au′fgaben homework
sagt, sagen to say
dann then
geht . . . ei′nkaufen goes shopping
noch nicht not yet
allei′n alone
kann, können to be able
mehr more
am nächsten Morgen next morning
sitzt, sitzen to be sitting
wieder again
Angst haben to be afraid
sie hat Angst she is afraid

7

struppig shaggy, tousled
lockig curly
ein kleines Kind a little child
drei three
das Jahr year
neu′gierig inquisitive
in in
auf dem Tisch on the table
das Kind the child
das Mädchen the girl

8

es it
wie gewö′hnlich as usual
jedes each, every
Farben colours
kennst du do you know

9

sind, sie sind they are
wir we
wollen to want to
eine Reise a journey

mit dem Zug by train
muss, müssen to have to
still quiet, still
sein to be
du darfst nicht sprechen you may not speak
über andere Leute about other people
sprechen to speak
im Zug in the train
bekommen to get
ein Bu'tterbrot sandwich
schmecken to taste
sieht, sehen to see
einen dicken Mann a fat man
er hat eine Glatze he is bald
da there
bald soon
waru'm? why?
e'twas something
sagen to say
denn then
über den dicken Mann about the fat man
mit der Glatze with the bald head

10

guten Tag! Good morning!
ich heisse . . . my name is . . .
ich bin I am
ein kleiner, dicker Kerl a small, fat chap
der Kerl fellow
sieht so aus looks like this
auf dem Fussboden on the floor
an der Decke on the ceiling
steht, stehen to stand
auf dem Schrank on the cupboard
mit einer Gardi'ne with a curtain
über dem So'fa over the sofa
dane'ben beside it

wie sehe ich aus? what do I look like?
selbst self; *here:* myself
das Gesicht face
mitten in in the middle of
eine grosse Nase a big nose
schöne, blaue Augen lovely, blue eyes
lockiges Haar curly hair
meine Arme my arms
meine Beine my legs
auf meiner Stirn on my forehead
die Narbe scar
Wo hast du . . . her? Where did you get . . . from?
man one, people
Ich habe mich gebi'ssen I bit myself
ich sage I say
wie denn? How did you do that?
ich stand I stood
auf einem Stuhl on a chair
wer? who
oben above
unten below
links on the left
rechts on the right
vorne in front
hinten at the back
mitten in the middle

11

der Herr gentleman
sauer sour
süss sweet
alte Kleider old clothes
aus Wolle made of wool
der Schuh shoe
die Schuhe shoes
der Handschuh glove
die Handschuhe gloves

der Schlips tie
hat . . . schlechte Laune is in a bad
  mood
die Dame lady
neue Kleider new clothes
karie'rt checked
mode'rn modern
hat . . . gute Laune is in a good mood
Was darf es sein? What would you
  like?
ich möchte . . . haben I should like
  to have
die Preislage price range
ungefähr about
die Qualität quality
hier here
den *here:* it, that one
ich nehme, nehmen to take
danke schön thank you
Auf Wie'dersehen! Goodbye!

12

im Restaurant in the restaurant
das Restaurant the restaurant
in ein Restaurant into a restaurant
gede'ckt set
sich setzen to sit down
stehen to stand
liegen to lie, be lying
essen to eat
Karto'ffeln potatoes
Fleisch meat
Gemü'se vegetables
neben beside
ihm *dat. case after* neben
der Hund dog
haben to have
knurrt, knurren to growl, snarl
er isst weiter he goes on eating
der Ober waiter

Entschuldigen Sie! Excuse me!
sicher certainly
der Teller plate
beko'mmen to get
das Früh'stück breakfast
das Mi'ttagessen lunch
das A'bendessen supper
zu essen to eat
die Spei'sekarte menu
Herr Ober! Waiter!
bitte zahlen! the bill, please!

13

warm warm
klug clever
Liebe Ruth! Dear Ruth,
was macht dein Hund? how is your
  dog?
fast almost
das Jahr year
hübsch pretty
natürlich naturally
mein bester Freund my best friend
der Freund friend
die Freunde friends
neidisch jealous
der Na'chbar neighbour
die Nachbarn neighbours
sagen to say
wirklich really
der Spie'lkamerad playmate
oft often
nichts nothing
gar nichts nothing at all
frisst, fressen to eat
schläft, schlafen to sleep
viel a lot, much
nachts at night
schnarcht, schnarchen to snore
weckt, wecken to waken

schreib mal! do write!
herzliche Grüsse best wishes
die Grüsse greetings
froh happy

14

weniger less, minus
mal times (e.g. $2 \times 2 = 4$)
geteilt durch divided by
die Jahre years
im Jahre 1959 in the year 1959
gebo′ren born
ins Kino gehen to go to the cinema
das Kino cinema
die Kinos cinemas
gehen to go
das Geld money
zu Hause at home
die Schokola′de chocolate
zählen to count
reichen to be enough
bleiben to remain
die Sparbüchse money-box
tun to do
verkau′fen to sell
viellei′cht perhaps
noch still
übrig left over
das Ka′ssenbuch cash-book
die Ka′ssenbücher cash-books
das Ta′schengeld pocket-money
von from
gelie′hen borrowed
gekau′ft bought
verkau′ft sold
an to
zurück back
Verschie′denes miscellaneous
   (things), sundries

15

im Le′bensmittelgeschäft in the
   grocer's
das Le′bensmittelgeschäft grocer's
   shop
ei′nkaufen gehen to go shopping
brauchen to need
eine Menge a large quantity
die Ware (-n) article, *pl.* goods
zue′rst first
das Ki′lo kilogramme
das Gemüse vegetable(s)
das Obst fruit
Was war es noch? What else was
   there?
frisch fresh
der Li′ter litre
das Pfund pound
so′nst noch e′twas? anything else?
sonst else, besides
alles everything
für for
kosten to cost
zusa′mmen together
leider unfortunately
verge′ssen to forget
der Verkäu′fer shop assistant
kennen to know
schon already
kaufen to buy

16

beim = bei dem
bei at
der Friseu′r (-e) barber
zum Friseur to the barber's
denken to think
wenig little
Haarschneiden? Haircut?

liest, lesen to read
betra'chten to look at
so so, like that
dasse'lbe the same
suchen to look for
finden to find
schneiden to cut
So eine Frechheit! What a cheek!
die Frechheit impudence
bezahlen to pay
kommen Sie! come!
wieder again
bald soon

in der nächsten Stunde in the next
  period
die Stunde (-n) period, hour
nächst next
die A'ntwort answer
ihn him (*acc.*)
beide both
gähnen to yawn
zu Ende over, finished
das Ende (-n) the end
gleich just
leise gently
hinausgehen to go out
aufwecken to wake

17

der Wecker alarm-clock
der Lehrer teacher
der Schüler pupil
beina'he almost
wie immer as always
no'ch einma'l once again
klingeln to ring
erwachen to wake up
ausstrecken to stretch
a'bstellen to switch off

19

nett nice
eines Tages one day
der Tag (-e) the day
glauben to believe
können to be able
fragen to ask
du weisst, wissen to know
schlafen to sleep
laut loud

18

der Junge [-n] (-n) boy
das Kind (-er) child
der Mann (¨er) man
die Frau (-en) woman
die Strasse (-n) street, road
die Stadt, die Städte town, towns
der Weg (-e) road, way
die Kirche (-n) church
das Land (¨er) country
das Auto (-s) car

20

die Kamera (-s) camera
kalt cold
weich soft
der Fussballplatz (¨e) football
  ground
beginnen to begin
das Spiel (-e) game, match
die Mannschaft (-en) team
schiessen to shoot
das Tor (-e) goal

die Leute people
erre'gt excited
ei'nige some
andere others
in der Halbzeit at half-time
die Halbzeit (-en) half-time
eins zu eins 1 — 1, one all
trinken to drink
die Limona'de lemonade
alle all
gespa'nnt tense, excited
gewinnen to win
der Schuss ('-e) shot
unsere Mannschaft our team
gescha'fft made, done
der Spieler (-) player
sind ... gewe'sen have been
der Verlie'rer loser
trifft, treffen to meet
auf dem Heimweg on the way
  home

21

Wieviel Uhr ist es? What time is it?
Wie spät ist es? What time is it?
die Uhr (-en) hour
spät late
vor before
nach after
halb half
wann? when?
aufstehen to get up
um at (of time)
zur Schule to school
die Schule (-n) school
spielen to play
schlafen to sleep
lernen to learn
arbeiten to work
baden to bathe

frei haben to be free
jeden Morgen every morning
die Schule fängt ... an school
a'nfangen to begin
sich beei'len to hurry
frühstücken to have breakfast
rufen to call
aus dem Haus out of the house
das Haus ('-er) house
der Schulweg the way to school
dauern to last
kommen to come
in der letzten Seku'nde at the last
  minute
geme'rkt noticed
merken to notice
nach jeder Stunde after every period
die Pause (-n) interval, break
er isst he eats
essen to eat
aus over, at an end
er darf gehen he can go, he may go
dürfen to be allowed to
es gibt there is
das Mi'ttagessen lunch
beko'mmen to get
das A'bendessen supper
erst um not until
fertig finished
ins Bett gehen to go to bed
das Bett (-en) bed

22

windig windy
Ostern Easter
Pfingsten Whitsun
dunkel dark
scheinen to shine
selten seldom
Ski laufen to ski

der Ski (-er) ski
laufen to run
Schlitten fahren to sledge
der Schlitten (-) sledge
fahren to drive
der Weih'nachtsbaum (-e) Christmas
  tree
das Gesche'nk (-e) present
der Vogel (-) bird
zwitschern to twitter
herrlich wonderful
Ferien (*pl.*) holidays
der Ausflug (-e) picnic, outing
hell bright
der Regen rain
der Sturm (-e) storm
ist verge'ssen is forgotten
verge'ssen to forget
träumen to dream
warten to wait

.

23

der Morgen (-) morning
der Vormittag (-e) forenoon
der Na'chmittag (-e) afternoon
der Abend (-e) evening
die Nacht (-e) night
die Woche (-n) week
das Jahr (-e) year
wandern to hike
das Mo'ped (-s) moped
erzä'hlen to tell
die Au'towerkstatt garage, repair
  shop
er fährt he drives
fahren to drive
meistens mostly
kapu'tt out of action
Heute fährt es aber. However, today
  it's going.

lange for a long time
sparen to save
der Verke'hr traffic
plötzlich suddenly
krachen, es kracht there's a crash
  (loud noise)
fliegen to fly
durch through
die Luft air
liegen to lie
arm poor

24

die Sache (-n) thing
sich setzen to sit down
ins Café into the café
das Café (-s) the café
er wäscht sich he washes
sich waschen to wash
sich kämmen to comb one's hair
sich die Zähne putzen to brush
  one's teeth
aussehen to look, appear
sich die Haare bürsten to brush
  one's hair
der Schuh (-e) shoe
der Anzug (-e) suit
sich freuen to be pleased
sich bedienen to serve oneself
das Stück (-e) piece
die Torte (-n) tart
der Fensterplatz (-e) window-seat
die Vase (-n) vase
die Blume (-n) flower
er trifft sich mit he meets
treffen to meet
sich unterha'lten to talk
die Weile the while
sich wünschen to want
die Schallplatte (-n) gramophone
  record

ohne without
der Bohnenkaffee coffee
die Sahne cream
das Gebäck cakes

25

Angst haben to be afraid
die Angst fear
sprechen to speak
helfen to help
die Erkältung cold
krank ill
seit since
vo'rgestern the day before yesterday

das Fieber temperature
die Ko'pfschmerzen (-) headache
der Schmerz (-en) pain
der Arzt ('-e) doctor
böse bad
die Table'tte (-en) pill
La'ngweile haben to be bored
die Nachbarin (-nen) neighbour
  (feminine)
der Besu'ch (-e) visit
schon already
besser better
mi'tgebracht brought
mi'tbringen to bring
hören to hear, listen to

26

der Brief (-e) letter
der Briefumschlag ('-e) envelope
der Pass ('-e) passport
der Fahrplan ('-e) timetable
der Koffer (-) case
die A'nsichtskarte (-n) picture
  postcard
die Reisetasche (-n) travelling bag

die Briefmarke (-n) stamp
die Fahrkarte (-n) ticket
die Versi'cherung (-n) insurance
das Telefo'n (-e) telephone
das Telegra'mm (-e) telegram
das Trinkgeld tip
das Briefpapier (-e) writing paper
das Vis | um (-a) visa

die Reise (-n) journey
am Abend in the evening
der Abend (-e) evening
trägt, tragen to carry
das Hote'l (-s) hotel
der Monat (-e) month
sich kaufen to buy oneself
die Zi'mmeranzeige (-n) newspaper
  notice
die A'nzeige (-n) notice, advertisement
schriftlich written
a'ntworten to answer

schreiben to write
we'g damit away with it
die Aufregung (-en) excitement
beste'llen to order
das Essen the meal
am nächsten Morgen next morning
der Telefo'nanruf (-e) telephone call
für ihn for him
können to be able
sich etwas a'nsehen to have a look at
  something
die Stimme (-n) voice
der Schutzmann policeman

die Schutzleute policemen
steigen to get into (a vehicle)
das Ziel (-e) destination
Warum gerade ich? Why *me*?
schreiben to write

Glück muss man haben! You have
   to have a bit of luck!
das Glück luck
zufrie'den pleased, contented

27

der Schau'spieler (-) actor
der Film (-e) film
der Sänger (-) singer
der Lärm noise
die Schau'spielerin (-nen) actress
die Vo'rstellung (-en) performance

die Sängerin (-en) singer (feminine)
die Mus'ik music
das Thea'ter (-) theatre
das Ki'no (-s) cinema
das Konze'rt (-e) concert
das Gespräch (-e) conversation

endlich at last
beko'mmen to get
quo vadis? (*Latin*) where are you
   going?
spa'nnend exciting
histo'risch historical
an der Kasse at the desk
die Kasse (-n) cash-desk
Was heisst das? What's it called?
heissen to be called
Wohi'n gehst du? Where are you
   going?
wird gespie'lt is being shown
die Ei'ntrittskarte (-n) entrance
   ticket

beza'hlen to pay
die Wo'chenschau (-en) newsreel
schon einmal once already
gese'hen seen
der Hauptfilm (-e) main film
kennen to know
auch also
neben den Jungen beside the boy
neben beside
wecken to waken
bald soon
plötzlich suddenly
der Schrei (-e) the shout
tot dead
leben to live

28

der Bahnhof (¨e) railway station
der Warte | saal (-säle) waiting-room
der Schalter (-) ticket office
der Schaffner (-) conductor (tram)
der Au'sländer (-) foreigner
die Ju'gendherberge (-n) youth-
   hostel
die Haltestelle (-n) tram or bus stop
die Wechselstube (-n) exchange office

die Strassenbahn (-en) tram
die Au'sländerin (-nen) foreigner
   (female)
das Gasthaus (¨er) inn
das Rei'sebüro (-s) travel agency
das A'bteil (-e) compartment
das Schild (-er) notice, sign
das Hote'l (-s) hotel

120

packen to pack
ich nehme . . . mit I take with me
mi'tnehmen to take with one
der Re'genschirm (-e) umbrella
der Mantel (¨) coat
vo'rsichtig careful
regnen to rain
am Tage vor einer Reise on the day
  before a journey
vor before
fahren to go, travel
früher sooner, earlier
dumm stupid
die Haltestelle bus or tram stop
finden to find
frei free, empty (of a seat)
der Platz (¨e) seat
schliessen to close, shut
werden to become
au'ssteigen to get out (of a vehicle)

29

der Touri'st [-en] (-en) tourist
der Pfle'gedienst service
der Ölwechsel oil-change
das A'bschmieren greasing
die Garage (-n) garage
die Scheibe (-n) windscreen
der Mo't | or (-o'ren) engine
der Reifen (-) tyre
manchmal often
die Tankstelle (-n) filling-station
verdie'nen to earn
die A'rbeit (-en) work
vom vo'rigen Jahr from the previous
  year
vo'rig previous
füllen to fill
das Benzi'n petrol
wischen to wipe

prüfen to test
das Öl oil
der Reifen (-) tyre
die Quittung (-en) receipt
kassie'ren to receive money
ab und zu now and again
die Strassenkarte (-n) street-map
etwas anderes something else
la'ngweilig boring
die Automarke (-n) make of car
die Tankstelle (-n) filling-station
vorbei'fahren to drive past
weit wide
die Welt (-en) world
hinau'sfahren to drive out
der Führerschein (-e) driving
  licence

30

ich war I was
die Karte (-n) map
genau' exact
nach dem Weg fragen to ask the way
besu'chen to visit
zeigen to show
die Strasse (-n) street, road
geradeau's straight on
die zweite Strasse the second street
nach links to the left
der Wegweiser signpost
rechts on the right
km = Kilome'ter
der (das) Kilome'ter kilometre
westlich west
freundlich kind, friendly
ei'nladen to invite
der Name [-ns] (-n) name
die Adre'sse (-n) address
au'fschreiben to write down
bedeu'ten to mean

31

zu Besuch kommen to come on a
 visit
der Besu'ch (-e) visit
wohnen to live
fahren to drive
in die Stadt into the town
zum Bahnhof to the station
der Bahnhof (¨e) station
a'bholen to meet
zu Fuss on foot
sparen to save
das Mo'ped (-s) moped
der Sportler (-) athletic type
schwitzen to sweat
das Gepäck luggage
das Hochhaus (¨er) skyscraper
im fünfzehnten Stock on the
 fifteenth floor
der Stock floor
mit einer schönen Au'ssicht with a
 beautiful view
die Au'ssicht (-en) view
neidisch envious
nämlich *here:* of course
der Fahrstuhl (¨e) lift
der Aufstieg (-e) climb
oben upstairs
sinken to sink
die Treppe (-n) staircase
lässt, lassen to leave

32

der Winterschlu'ssverkauf (¨e)
 winter sale
das Warenhaus (¨er) department-
 store
stehen to stand
die Schlange (-n) queue
sich a'nstellen to take one's place

die Hausfrau housewife
gedu'ldig patient
nur only
vo'rwärts forward
um etwas kämpfen to fight about
 something
der Rest (-e) remainder; what is left
etwas Passendes something suitable
geben Sie! give
der Stoff (-e) material
erfa'hren experienced
Es tut mir leid! I am sorry!
der Lampenschirm (-e) lampshade

33

die Beka'nntmachung (-en) notice,
 announcement
die Polizei' police
der Na'chname [-ns] (-n) surname
u'nbekannt unknown
verschwi'nden to disappear
ova'l oval
das Auge (-n) eye
die Kleidung clothing
die Farbe (-n) colour
der Strumpf (¨e) stocking
die A'ngabe (-n) information; *here:*
 details
dankbar grateful
Was ist los? What's up? What's the
 matter?
die Plakatsäule (-n) advertisement
 pillar
das Plaka't (-e) bill, poster
die Säule (-n) pillar

34

hin und zurück return
zweiter Klasse second class

die Lieblingstante favourite aunt
eine Rückfahrkarte (-n) return
ticket
das Nichtraucherabteil non-smoking
compartment
ziehen to pull
die Sache affair
der Diamant [-en] (-en) diamond
spannend exciting
der Schaffner ticket-collector
die Fahrkarte knipsen to punch the
ticket
überlegen to reflect, consider
gestohlen stolen
merken to notice

35

der Wald (¨er) wood
das Tor (-e) gate
laufen to run
der Park (-s) park
an etwas denken to think of
something
die Zeit (-en) time
die hohen Steu'ern high taxes
hoch high
die Steu'er (-n) tax
der U'nfall (¨e) accident
die ganze Stadt the whole town
da there
das Licht (-er) light
bremsen to brake
das Geräu'sch (-e) noise
wü'tend furious
der Polizi'st [-en] (-en) policeman
die Ecke (-n) corner
wissen to know
die Kosten cost
der Schaden (¨) damage
bezahlen to pay

36

der Flugplatz (¨e) airport
die Ahnung (-en) idea
pü'nktlich punctual
warten to wait
u'ngeduldig impatiently
starten to take off
landen to land
u'nruhig restless
der Rei'sende (-n) traveller
ein Rei'sender (-e) traveller
au'ssteigen to get out
dabei' *here:* among them
schreiben to write
die Brille (-n) (*sing.*) spectacles
der Strumpf (¨e) stocking
u'nbewaffnet unarmed
ärgerlich annoyed
Wie kommt das? How did that
happen?

37

zeichnen to draw
morgen tomorrow
der Gast (¨e) guest
ü'bermorgen the day after tomorrow
spülen to wash up
optimi'stisch optimistic
heute a'bend tonight, this evening
sich die Haare legen to do one's
hair
sich u'mziehen to change one's
clothes
im Haus sauber machen to tidy up
the house
den Tisch decken to set the table
kochen *here:* to prepare
fressen to eat (*of animals*)
beim Spülen while she's washing up

beim A′btrocknen while she's drying
  the dishes
a′btrocknen to dry
fallen to fall
die Scherbe (-n) fragments
bringen to bring
ei′ntreten to come in
das Badezimmer bathroom
auf einmal all at once
machen to make, to do
tun to do

38

sitzen to sit
der Becher (-) mug, beaker
der Schlag (¨e) blow, slap
Schläge bekommen to get a beating
beko′mmen to get
der Arzt (¨e) doctor
sie fährt . . . weg she goes off
we′gfahren to go off
zie′mlich rather
dünner thinner
seit einigen Tagen for a few days
verschwi′nden to disappear
einmal im Jahr once a year
nämlich *here:* you see
aus der Stadt fort away from the
  town
fort away, off
mit ihr with her
darauf on it
Wie geht es dir? How are you?
Mir geht es gut. I'm well.
die Kur (-en) course of treatment
der Ku′rort (-e) health-resort
die Na′chbarin (-nen) neighbour
  (*feminine*)
der Nachbar (-n) neighbour
  (*masculine*)

39

die Ohrfeige (-n) box on the ear
die Zahnbürste (-n) toothbrush
eilig haben to be in a hurry
das Geschäft (-e) shop
übera′ll everywhere
geben Sie mir bitte! Please give me!
alles was all that
die Liste (-n) list
Darf es sonst noch etwas sein? Is
  there anything else?
sonst else
glauben to believe
Da fällt ihm etwas ein. Then
  something strikes him.
ei′nfallen to occur (to one's mind)
es fällt mir ein . . . it strikes me . . .
verge′ssen to forget
nur only
brauchen to need
bürsten to brush
damit with it
hinau′s out

40

riechen to smell
lachen to laugh
der Bauernhof (¨e) farm
der Hof (¨e) farm
a′nstrengend strenuous
au′fstehen to get up
füttern to feed (animals)
das Tier (-e) animal
das Pferd (-e) horse
die Kuh (¨e) cow
das Schwein (-e) pig
das Schaf (-e) sheep
das Huhn (¨er) fowl
an der A′rbeit at work
der Garten (¨) garden

das Feld (-er) field
pflücken to pick
die Pflaume (-n) plum
zurü'ckkehren to return
brau'ngebrannt sunburnt
die E'ltern parents

41

schreiben to write
ruhig quiet
das Lied (-er) song
ei'ntreten to come in
lesen to read
öffnen to open
hört . . . zu! Listen!
zu'hören to listen
sich auf etwas freuen to look forward
    to something
das Wetter (-) weather
willko'mmen welcome
ke'nnenlernen to get to know
grüssen to greet

42

sich setzen to sit down
wohi'n? where? = where to?
sich stellen to stand
der Mond (-e) moon
der See (-n) lake
der Re'genschirm (-e) umbrella
der Kla'ssenausflug (¨e) class outing
der Berg (-e) mountain
wandern to hike
es geht lo's they set off
lo'sgehen to set off
der Rucksack (¨e) rucksack
fest strong
der Stiefel (-) boot
viele von ihnen many of them

der Pfa'dfinder (-) scout
der Au'fstieg (-e) climb
a'nstrengend strenuous
die Hütte (-n) hut
sie machen ha'lt they stop
ha'ltmachen to stop
tief deep, far, dark
das Dorf (¨er) village
das Tal (¨er) valley
die Sonne geht . . . au'f the sun rises
au'fgehen to rise
dicht thick, dense
der Nebel (-) mist, fog
hängen to hang
die Wolke (-n) cloud
herrlich wonderful
die Au'ssicht (-en) view

43

der Platz (¨e) square
manchmal often
er hilft . . . mi't he helps
mi'thelfen to help
beso'nders especially
wenn when, if
mei'stens mostly
der Sitz (-e) seat
ei'gentlich really
sich a'nstrengen to make an effort,
    to struggle
der Taxifahrer (-) taxi-driver
die Lebensmittel groceries
au'sfahren here: to deliver
die Tasche (-n) pocket
der Zettel (-) note
die Adre'sse (-n) address
nächstes Jahr next year
glücklich happy
der Au'genblick (-e) moment
das Leben (-) life
der Führerschein (-e) driving licence

General Vocabulary

Genitive singular is given in square brackets, plural in round brackets

A

ab und zu now and again

der Abend (-e) evening

das Abendessen (-) supper

abends in the evening

aber but

abholen to meet, fetch

das Abschmieren greasing, oiling

absenden to send, dispatch

abstellen to switch off

das Abteil (-e) compartment

abtrocknen to dry (up)

acht eight

achtzehn eighteen

achtzig eighty

die Adresse (-n) address

die Ahnung (-en) idea, notion

alle everybody

allein alone

alles everything

also then

alt old

an . . . vorbei past

andere Leute other people

anders otherwise

anfangen to begin

die Angabe (-n) information, details

die Angst fear

ängstlich anxious

ankommen to arrive

ansehen to look at

die Ansichtskarte (-n) picture postcard

sich anstellen to take one's place

anstrengend strenuous

die Antwort (-en) answer

antworten to answer

die Anzeige (-n) notice, advertisement

/sich/ anziehen to get dressed

der Anzug (¨e) suit

der Apfel (¨) apple

die Apfelsine (-n) orange

der April April

die Arbeit (-en) work

arbeiten to work

ärgerlich annoyed

arm poor

der Arm (-e) arm

die Armbanduhr (-en) wrist-watch

der Arzt (¨e) doctor

auch also

auch nicht neither

auf einmal all at once

aufführen to produce

die Aufgaben homework

aufgehen to rise (of sun)

aufgeregt excited

aufgeschrieben to note, write down

die Aufregung (-en) excitement

aufschreiben to write down

aufstehen to get up

der Aufstieg (-e) climb

das Auge (-n) eye

der Augenblick (-e) moment

der August August

ausfahren (die Lebensmittel) to deliver (the groceries)

der Ausflug (¨e) picnic, outing

der Ausländer (-) foreigner

die **Ausländerin** (-nen) foreigner
(female)

aussehen to look, appear

ausser except

ausserdem besides

die **Aussicht** (-en) view

aussteigen to get out

das **Auto** (-s) car

die **Automarke** (-n) make of car

die **Autowerkstatt** (-en) garage
workshop

B

die **Backe** (-n) cheek

baden to bathe, have a bath

das **Badezimmer** (-) bathroom

der **Bahnhof** ('e) station

bald soon

der **Ball** ('e) ball

die **Banane** (-n) banana

der **Bauernhof** ('e) farm

der **Baum** ('e) tree

der **Becher** (-) mug, cup

bedeuten to mean

/sich/ **bedienen** to serve oneself

/sich/ **beeilen** to hurry

beginnen to begin

begrüssen to greet, welcome

beide both

das **Bein** (-e) leg

beinahe almost, nearly

die **Bekanntmachung** (-en) notice,
announcement

bekommen to receive

das **Benzin** petrol

der **Berg** (-e) mountain

besonders especially

besser better

bestellen to order

der **Besuch** (-e) visit, visitor

besuchen to visit

betrachten to look at

das **Bett** (-en) bed

bezahlen to pay

das **Bild** (-er) picture

das **Bilderrätsel** (-) picture-puzzle

billig cheap

die **Birne** (-n) pear

bitte please

blau blue

bleiben to stay, remain

der **Bleistift** (-e) pencil

die **Blume** (-n) flower

der **Blumentopf** ('e) flower-pot

die **Bluse** (-n) blouse

der **Bohnenkaffee** coffee

das **Boot** (-e) boat

böse bad, nasty, angry

brauchen to need

braun brown

braungebrannt sunburnt

bremsen to brake

brennen to burn

das (**schwarze**) **Brett** notice-board

das **Brett** (-er) board, shelf

der **Brief** (-e) letter

die **Briefmarke** (-n) stamp

der **Briefumschlag** ('e) envelope

die **Brille** (-n) spectacles

bringen to bring

das **Brot** (-e) bread, roll

die **Brücke** (-n) bridge

der **Bruder** (') brother

das **Buch** ('er) book

das **Büro** (-s) office

/sich/ die **Haare bürsten** to brush
one's hair

der **Bus** (-se) bus

die **Butter** butter

das **Butterbrot** (-e) piece of bread
and butter

C

das Café (-s) café

D

da there, since, then
dabei present
die Dame (-n) lady
damit with it
der Däne [-n] (-n) Dane
daneben beside it
Dänemark Denmark
die Dänin (-nen) Danish lady
dänisch Danish
dankbar grateful
danke thank you
dann then
darauf on it
(ich) darf I may, am allowed
dasselbe the same
dauern to last
die Decke (-n) ceiling
denken to think
denken an + *acc.* to think of
derselbe the same
deutsch German
der Deutsche the German
ein Deutscher a German
Deutschland Germany
der Dezember December
der Diamant [-en] (-en) diamond
dicht dense
dick thick, stout
der Dienstag Tuesday
dieselbe the same
der Donnerstag (-e) Thursday
das Dorf (¨er) village
drei three
dreissig thirty
dreizehn thirteen
dumm stupid, silly

dunkel dark
dünn thin
durch through
dürfen to be allowed to
duschen to have a shower

E

die Ecke (-n) corner
das Ei (-er) egg
eigentlich really, in fact
es eilig haben to be in a hurry
eines Tages one day
einfallen to occur
einige some
einkaufen to go shopping
einladen to invite
noch einmal once again
einschenken to pour out
eintreten to come in, enter
die Eintrittskarte (-n) entrance
  ticket
elegant elegant
elf eleven
die Eltern parents
das Ende (-n) end
endlich finally, at last
England England
der Engländer (-) Englishman
die Engländerin (-nen)
  Englishwoman
english English
entschuldigen Sie! Excuse me!
erfahren experienced
die Erfahrung (-en) experience
die Erkältung (-en) cold
erregt excited
erst first
erst um not until
erwachen to wake up
erzählen to tell
essen to eat

das Essen (-) meal
etwas something
etwas anderes something else

F

die Fähre (-n) ferry
fahren to travel
die Fahrkarte (-n) ticket
der Fahrplan (¨-e) timetable
das Fahrrad (¨-er) cycle
der Fahrstuhl (-e) lift
fallen to fall
die Farbe (-n) colour
fast almost
faul lazy
der Februar February
das Feld (-er) field
das Fenster (-) window
der Fensterplatz (¨-e) window-seat
die Ferien holidays
fertig ready, finished
fest firm
das Fieber (-) fever
der Film (-e) film
finden to find
der Finger (-) finger
die Firm | a (-en) firm
die Flasche (-n) bottle
das Fleisch meat
fleissig industrious, hard-working
fliegen to fly
der Flugplatz (¨-e) airport
das Flugzeug (-e) aeroplane
der Fluss (¨-e) river
folgend following
fragen to ask
Frankreich France
der Franzose [-n] (-n) Frenchman
die Französin (-nen) Frenchwoman
französich French
die Frau (-en) woman
das Fräulein (-) young lady
die Frechheit impudence, cheek
frei haben to be free
der Freitag Friday
die Freiübung (-en) gymnastics, exercises
fressen (of animals), to eat
/sich/ freuen to be pleased
der Freund (-e) friend
die Freundin (-nen) lady friend
freundlich friendly
das Freundschaftsspiel (-e) friendly game
frisch fresh
der Friseur (-e) hairdresser
froh happy
fröhlich happy
Fröhliche Weihnachten Happy Christmas
früh early
früher earlier
der Frühling (-e) Spring
das Frühstück (-e) breakfast
frühstücken to have breakfast
die Frühstückspause (-n) breakfast-break
der Führerschein (-e) driving licence
füllen to fill
fünf five
fünfzehn fifteen
fünfzig fifty
der Fuss (¨-e) foot
der Fussball (¨-e) football
der Fussballplatz (¨-e) football ground
das Fussballspiel (-e) football match
der Fussboden (¨) floor
füttern to feed (animals)

G

die Gabel (-n) fork
gähnen to yawn

gar nichts nothing at all
die Garage (-n) garage
die Gardine (-n) curtain
der Garten (¨) garden
der Gast (¨e) guest
das Gasthaus (¨er) inn
das Gebäck cakes, tea-biscuits
geben to give
gebissen bitten
geboren born
der Geburtstag (-e) birthday
geduldig patient
gegen against
gegenüber opposite
gehen to go
die Geige (-n) violin
gelb yellow
das Geld money
gelingen to succeed
das Gemüse vegetable(s)
genau exact
das Gepäck luggage
gerade just
geradeaus straight on
das Geräusch noise
gern haben to like
das Geschäft (-e) business, shop
das Geschenk (-e) gift
die Geschwister brothers and sisters
das Gesicht (-er) face
gespannt excited
gespart saved
das Gespräch (-e) conversation
gestern yesterday
geteilt durch divided by
gewesen (from *sein*) been
gewinnen to win
gewöhnlich usual, customary
(es) gibt there is, there are
giessen to water
die Gitarre (-n) guitar

das Glas (¨er) glass
die Glatze (-n) bald head
glauben to believe
gleich immediately
das Glück luck
glücklich lucky
das Gras (¨er) grass
grau grey
gross big, tall
die Grossmutter (¨) grandmother
der Grossvater (¨) grandfather
grün green
der Gruss (¨e) greeting
grüssen to greet
die Gurke (-n) cucumber
der Gürtel (-) belt
gut good

H

das Haar (-e) hair
das Haarschneiden haircut
das Haarwasser hair lotion
halb half
die Halbzeit (-en) half-time
der Hals (¨e) neck
die Haltestelle (-n) bus-stop
haltmachen to stop
die Hand (¨e) hand
der Handball (¨e) hand-ball
der Handschuh (-e) glove
hängen to hang
hart hard
hässlich ugly, hateful
der Hauptfilm (-e) main film
das Haus (¨er) house
das Häuschen (-) cottage
die Hausfrau (-en) housewife
das Heft (-e) exercise-book
auf dem Heimweg on the way home
heiss hot

130

(ich) heisse my name is
heissen to be called
(er) heisst he is called
helfen to help
hell bright
das Hemd (-en) shirt
der Herbst (-e) autumn
hereinkommen to come in
der Herr [-n] (-en) gentleman
herrlich wonderful
herunter down
herunterfallen to fall down
das Herz [-ens] (-en) heart
herzlich hearty
heute today
heute abend this evening
hier here
hin und zurück there and back
hinauf up
hinaus out
hinausfahren to drive out
hinten at the back
hinter behind
historisch historic
hitzefrei haben to be on holiday
  because of the heat
hoch high
das Hochhaus (¨er) skyscraper
der Hof (¨e) farm, yard
höher higher
das Holz wood
hören to hear
die Hose (-n) trousers
der Hosenträger (-) braces
das Hotel (-s) hotel
hübsch pretty
das Huhn (¨er) hen, fowl
der Hund (-e) dog
hundert hundred
hungrig hungry
der Hut (¨e) hat

das Hutgeschäft (-e) hat shop
die Hütte (-n) hut

I

ich I
immer always
immer noch still
er isst (from *essen* = to eat) he eats

J

die Jacke (-n) jacket
die Jackentasche (-n) jacket-pocket
das Jahr (-e) year
der Januar January
jeder each one
jemand someone
jetzt now
die Jugendherberge (-n) youth
  hostel
jung young
der Junge [-n] (-n) boy
der Junggeselle [-n] (-n) bachelor
der Juli July
der Juni June

K

der Kaffee coffee
die Kaffeekanne (-n) coffee-pot
kalt cold
die Kamera (-s) camera
der Kamm (¨e) comb
/sich/ kämmen to comb one's hair
kämpfen to fight, struggle
kaputt finished, broken
kariert checked
die Karte (-n) map
die Kartoffel (-n) potato
der Käse cheese
die Kasse (-n) cash-desk, till**

das **Kassenbuch** (¨er) register, cash-book

kassieren to receive money

die **Katze** (-n) cat

kaufen to buy

kennen to know

kennenlernen to get to know

der **Kerl** (-e) fellow

das **Kilo** (-s) kilogramme

das **Kind** (-er) child

das **Kino** (-s) cinema

die **Kirche** (-n) church

das **Kissen** (-) cushion

der **Klaps** (-e) slap

die **Klasse** (-n) class

der **Klassenausflug** (¨e) class outing

der **Klassenlehrer** (-) class teacher

das **Klassenzimmer** (-) classroom

das **Klavier** (-e) piano

das **Kleid** (-er) dress, clothes

die **Kleidung** (-en) clothing

klein small

klettern to climb

es **klingelt** the bell is ringing

klug clever

km = der **Kilometer** (-) kilometre

knipsen to clip, punch

knurren to growl

kochen to cook

der **Koffer** (-) case

kommen to come

können to be able

das **Konzert** (-e) concert

der **Kopf** (¨e) head

die **Kopfschmerzen** (-) headache

der **Korb** (¨e) basket

die **Kosten** costs

kosten to cost

das **Kostüm** (-e) costume, dress

es **kracht** there's a crash

krank sick

das **Kreuzworträtsel** (-) crossword

der **Kriminalroman** (-e) detective story

die **Küche** (-n) kitchen

der **Kuchen** (-) cake

der **Kugelschreiber** (-) ball-point pen

die **Kuh** (¨e) cow

der **Kunde** [-n] (-n) customer

die **Kundin** (-nen) lady customer

der **Kurort** (-e) health resort

kurz short

kurzsichtig short-sighted

L

lachen to laugh

die **Lampe** (-n) lamp

der **Lampenschirm** (-e) lampshade

das **Land** (¨er) country

landen to land

lang long

lange for a long time

Langeweile haben to be bored

langsam slow

langweilig boring

der **Lärm** noise

lassen to let, leave

laufen to run

die **Laune** (-n) mood

laut loud

leben to live

das **Leben** (-) life

die **Lebensmittel** groceries

die **Lebensmittel ausfahren** to deliver the groceries

das **Lebensmittelgeschäft** (-e) grocer's shop

leer empty

legen to place, put

der **Lehrer** (-) teacher

die **Lehrerin** (-nen) lady teacher

leicht light, easy
es tut mir leid I'm sorry
leider unfortunately
leise softly, gently
lernen to learn
lesen to read
die Leute people
das Licht (-er) light
die Lieblingstante (-n) favourite aunt
das Lied (-er) song
liegen to be lying
die Limonade (-n) lemonade
links to, on the left
die Liste (-n) list
lockig curly
der Löffel (-) spoon
(was ist) los? what is wrong?
lösen to solve
losgehen to set off, start
der Löwe [-n] (-n) lion
die Luft air

M

machen to make, do
das Mädchen (-) girl
mager thin
die Mähne (-n) mane
der Mai May
mal times, e.g. *dreimal* = three times
manchmal sometimes
der Mann (¨er) man
die Mannschaft (-en) team
der Mantel (¨) coat
die Mappe (-n) briefcase
die Mark (-) Mark
der März March
mehr more
meistens mostly

die Menge (-n) large quantity
merken to notice
das Messer (-) knife
das Meter (-) metre
die Milch milk
die Million (-en) million
die Minute (-n) minute
mitbringen to bring with one
mithelfen to help
mitnehmen to take with one
das Mittagessen (-) lunch
mittags at noon
die Mitteilung (-en) announcement
mitten in the middle of
der Mittwoch Wednesday
möchte, ich möchte I should like
modern modern
der Monat (-e) month
der Mond (-e) moon
der Montag (-e) Monday
das Moped (-s) moped
der Morgen (-) morning
morgen tomorrow
morgens in the morning
der Motor (-en) motor
müde tired
der Mund (¨er) mouth
die Musik music
der Muskelkater (-) stiffness
müssen to have to, be obliged to
die Mutter (¨) mother
die Mütze (-n) cap

N

nach Hause home, homewards
der Nachbar [-n] (-n) neighbour
die Nachbarin (-nen) lady neighbour
der Nachmittag (-e) afternoon
nachmittags in the afternoon
der Nachname [-ns] (-n) surname

die Nacht (¨e) night
nachts at night
näher nearer
der Name [-ns] (-n) name
nämlich as it happens
die Narbe (-n) scar
die Nase (-n) nose
nass wet
natürlich of course
der Nebel (-) mist
neben = dat. or acc. near
nehmen to take
neidisch envious, jealous
nett nice, pleasant
neu new
neugierig inquisitive
das Neujahr New Year
neun nine
neunzehn nineteen
neunzig ninety
der Nichtraucher (-) non-smoker
das Nichtraucherabteil (-e)
   non-smoking compartment
nichts nothing
nie never
niemand no-one
noch still
noch einmal once again
der Norden north
Norwegen Norway
der Norweger (-) Norwegian (m.)
die Norwegerin (-nen) Norwegian (f.)
norwegisch Norwegian
der November November
nur only

O

oben above, upstairs
der Ober (-) waiter
das Obst fruit

oder or
öffnen to open
oft often
ohne without
das Ohr (-en) ear
die Ohrfeige (-n) box on the ear
der Oktober October
das Öl (-e) oil
der Ölwechsel (-) oil-change
der Onkel (-) uncle
der Optimist [-en] (en) optimist
optimistisch optimistic
der Osten east
Ostern Easter
Österreich Austria
oval oval

P

(ein) paar a few
packen to pack
das Paket (-e) parcel
das Papier (-e) paper
der Park (-s) park
der Pass (¨e) pass, passport
etwas Passendes something suitable
die Pause (-n) break, interval
der Pessimist [-en] (-en) pessimist
der Pfadfinder (-) scout
das Pferd (-e) horse
Pfingsten Whitsuntide
die Pflaume (-n) plum
der Pflegedienst (-e) service
pflücken to pluck, pick
das Pfund (-e) pound
das Plakat (-e) bill, poster
die Plakatsäule (-n) advertisement
   pillar
der Platz (¨e) seat, square
plötzlich suddenly
die Polizei police

der Polizist [-en] (-en) policeman
die Praline (-n) chocolate-cream
die Preislage (-n) price range
prüfen to test
pünktlich punctual
die Puppe (-n) doll
putzen to clean, polish
sich die Zähne putzen to clean one's
teeth

die Rückfahrkarte (-n) return
ticket
rufen to call, shout
ruhig quiet, calm
rund round
der Russe [-n] (-n) Russian man
die Russin (-nen) Russian woman
russisch Russian
Russland Russia

Q

die Qualität (-en) quality
die Quittung (-en) receipt

R

das Rad (¨er) cycle
das Radio (-s) radio
rechnen to calculate, count
das Recht right
rechts to, on the right
der Regen (-) rain
der Regenschirm (-e) umbrella
regnen to rain
reichen to be enough
der Reifen (-) tyre
die Reise (-n) journey
das Reisebüro (-s) travel-agency
der Reisende (-n) traveller
die Reisetasche (-n) travelling-bag,
case
rennen to run, race
der Rest (-e) remainder, remnant,
what is left
das Restaurant (-s) restaurant
richtig right, correct
riechen to smell
der Rock (¨e) skirt
rot red

S

die Sache (-n) affair, matter, thing
sagen to say
die Sahne cream
das Salz salt
der Samstag (-e) Saturday
der Sand sand
der Sänger (-) singer (*m.*)
die Sängerin (-nen) singer (*f.*)
satt satisfied, full
satt essen to eat one's fill
der Satz (¨e) sentence
sauber clean
sauber machen to tidy up
sauer sour
die Säule (-n) column, pillar
die Sauna (-s) sauna-bath
die Schachtel (-n) box
der Schaden (¨) damage
das Schaf (-e) sheep
schaffen to make, do
der Schaffner (-) conductor, ticket-
collector
die Schallplatte (-n) record, disc
der Schalter (-) ticket office
der Schauspieler (-) actor
die Schauspielerin (-nen) actress
die Scheibe (-n) window-pane
scheinen to shine
die Scherbe (-n) fragment

die **Schere** (-n) scissors
schiessen to shoot
das **Schild** (-er) notice, sign
das **Schläfchen** (-) nap
schlafen to sleep
das **Schlafzimmer** (-) bedroom
Schläge bekommen to get a beating
die **Schlange** (-n) queue
schlecht black
schliessen to shut
der **Schlips** (-e) tie
der **Schlitten** (-) sledge
schmecken to taste
der **Schmerz** (-en) pain
schmutzig dirty
schnarchen to snore
der **Schnee** snow
der **Schneemann** (¨er) snowman
schneiden to cut
schnell quick
die **Schokolade** (-n) chocolate
schon already
schön beautiful
der **Schrank** (¨e) cupboard
der **Schrei** (-e) cry, shout
schreiben to write
schreien to scream, shout
schriftlich written, in writing
der **Schuh** (-e) shoe
die **Schule** (-n) school
der **Schüler** (-) pupil (*m.*)
die **Schülerin** (-nen) pupil (*f.*)
der **Schuljunge** [-n] (-n) schoolboy
das **Schulmädchen** (-) schoolgirl
die **Schulter** (-n) shoulder
der **Schulweg** (-) way to school
der **Schuss** (¨e) shot
die **Schüssel** (-n) dish
der **Schutz | mann** (-leute) policeman
schwach weak

schwarz black
der **Schwede** [-n] (-n) Swede (*m.*)
Schweden Sweden
die **Schwedin** (-nen) Swede (*f.*)
schwedisch Swedish
das **Schwein** (-e) pig
schwer heavy, difficult
schwerhörig hard of hearing
die **Schwester** (-n) sister
das **Schwimmbad** (¨er) swimming bath
schwitzen to sweat
sechs six
sechzehn sixteen
sechzig sixty
sehen to see
sehr very
die **Seife** (-n) soap
sein to be
seit since
die **Sekunde** (-n) second
selbst self, e.g. *ich selbst* = myself
selten seldom
senkrecht vertical, (in crossword) down
der **September** (-) September
der **Sessel** (-) seat, armchair
/sich/ **setzen** to sit down
sicher certainly
sieben seven
siebzehn seventeen
siebzig seventy
singen to sing
sinken to sink
der **Sitz** (-e) seat
sitzen to be sitting
Skandinavien Scandinavia
der **Ski** (-er) ski
Ski laufen to ski
das **Sofa** (-s) sofa
sofort immediately

136

sogar even
der Sohn (¨e) son
sollen to be supposed to
der Sommer (-) summer
die Sonne (-n) sun
der Sonntag (-e) Sunday
sonst else, otherwise
spannend exciting
die Sparbüchse (-n) money-box
sparen to save
spät late
später later
die Speisekarte (-n) menu
der Spiegel (-) mirror
das Spiel (-e) game, match
spielen to play
der Spieler (-) player
der Spielkamerad [-en] (-en) playmate
das Spielzeug (-e) toy
die Sporthalle (-n) gymnasium
der Sportler (-) athletic type, sportsman
der Sportplatz (¨e) sports ground
sprechen to speak
springen to jump
spülen to wash up
die Stadt (¨e) town
stark strong
starten to start, (of an aeroplane) to take off
stehen to stand
stehlen to steal
steigen to get into (a vehicle)
/sich/ stellen to place oneself, stand
die Steuer (-n) tax
der Stiefel (-) boot
still quiet
die Stimme (-n) voice
die Stirn (-en) brow, forehead
der Stock (¨e) floor, storey

der Stoff (-e) material
gegen etwas stossen to bump into something
die Strafe (-n) punishment
die Strasse (-n) street
die Strassenbahn (-en) tram
die Strassenkarte (-n) street plan
der Strumpf (¨e) stocking, short sock
struppig shaggy, tousled
das Stück (-e) piece
der Stuhl (¨e) chair
die Stunde (-n) hour
der Stundenplan (¨e) timetable
der Sturm (¨e) storm
suchen to look for
der Süden south
süss sweet

T

die Tablette (-n) pill
die Tafel (-n) board
der Tag (-e) day
das Tal (¨er) valley
die Tankstelle (-n) filling-station
die Tante (-n) aunt
tanzen to dance
tapfer brave
die Tasche (-n) pocket
das Taschengeld pocket-money
die Tasse (-n) cup
tausend thousand
der Taxifahrer (-) taxi-driver
der Tee tea
das Telefon (-e) telephone
der Telefonanruf (-e) telephone-call
das Telegramm (-e) telegram
der Teller (-) plate
das Tennis tennis
der Teppich (-e) carpet

teuer dear
das Theater (-) theatre
die Tinte (-n) ink
der Tisch (-e) table
den Tisch decken to set the table
das Tischtennis table-tennis
das Tischtuch (¨er) tablecloth
tief deep, far, dark
das Tier (-e) animal
die Tochter (¨) daughter
die Tomate (-n) tomato
der Topf (¨e) pot
das Tor (-e) gate
die Torte (-n) tart
der Torwart (-e) goalkeeper
tot dead
der Tourist [-en] (-en) tourist
tragen to carry, wear
träumen to dream
traurig sad
treffen to meet
die Treppe (-n) staircase
treten to step
trinken to drink
das Trinkgeld tip
die Trompete (-n) trumpet
tun to do
die Tür (-en) door

U

überall everywhere
überlegen to reflect, consider
übermorgen day after tomorrow
übrig left over, remaining
die Uhr (-en) clock, watch
umher round
/sich/ umziehen to change one's
   clothes
unbekannt unknown
unbewaffnet unarmed
der Unfall (¨e) accident

ungeduldig impatient
ungefähr about, approximately
unmusikalisch unmusical
unruhig restless
unten, below, downstairs
/sich/ unterhalten to talk
usw. = und so weiter and so on, etc.

V

die Vase (-n) vase
der Vater (¨) father
verboten forbidden
verdienen to earn
vergessen to forget
verkaufen to sell
der Verkäufer (-) shop assistant
der Verkehr traffic
verloren lost
Verschiedenes sundries
verschwinden to disappear
die Versicherung (-en) insurance
viel much
viele many
vielleicht perhaps
vielmals many times
vier four
viereckig square
das Viertel (-) quarter
die Viertelstunde (-n) quarter of an
   hour
vierzehn fourteen
vierzig forty
das Vis | um (-a) visa
der Vogel (¨) bird
das Vogelei (-er) bird's egg
voll full
völlig completely
vorbeifahren to drive past
vorgestern the day before yesterday
vorig previous

der **Vormittag** (-e) forenoon
vormittags in the forenoon
vorne in front
vorsichtig careful
die **Vorstellung** (-en) performance
vorwärts forward

W

waagerecht horizontal, (in crossword)
  across
wach awake
der **Wagen** (-) car
der **Wald** (¨er) wood
die **Wand** (¨e) wall
wandern to hike
wann? when?
die **Ware** (-n) article, *pl.* goods
das **Warenhaus** (¨er) store, warehouse
warm warm
warten to wait
der **Warte|saal** (-säle) waiting-room
warum why
/sich/ **waschen** to wash (oneself)
das **Wasser** water
die **Wechselstube** (-n) exchange
  office
der **Wecker** (-) alarm-clock
wecken to wake
weg away
der **Weg** (-e) road, way
der **Wegweiser** (-) signpost
weich soft
Weihnachten Christmas
der **Weihnachtsbaum** (¨e) Christmas
  tree
die **Weihnachtsferien** Christmas
  holidays
der **Weihnachtstag** (-e) Christmas
  Day
weil because

die **Weile** (-n) the while, short time
weiss white
weit far
die **Welt** (-en) world
wenig little
weniger less, minus
wer who
werden to become
wessen? whose?
der **Westen** west
westlich to the west
das **Wetter** (-) weather
wider against
wie how
wieder again
Wiedersehen | auf Wiedersehen
  goodbye
wieviel how much
willkommen welcome
windig windy
winken to wave
der **Winter** (-) winter
der **Winterschlussverkauf** (¨e)
  winter sales
wirklich really, actually
die **Wirklichkeit** (-en) reality
wischen to wipe
wissen to know
wo where
die **Woche** (-n) week
die **Wochenschau** (-en) newsreel
wohnen to live
die **Wohnung** (-en) house, flat
das **Wohnzimmer** (-) living-room
die **Wolke** (-n) cloud
die **Wolle** wool
wollen to wish, want
das **Wort** (-e) word
wünschen to wish
die **Wurst** (¨e) sausage
wütend furious

Z

zahlen| bitte zahlen! the bill, please
zählen to count
der Zahn (¨e) tooth
die Zahnburste (-n) toothbrush
zehn ten
zeichnen to draw
zeigen to show
die Zeit (-en) time
die Zeitung (-en) newspaper
der Zettel (-) slip of paper
ziehen to draw, pull
das Ziel (-e) goal, destination
ziemlich rather
das Zimmer (-) room
die Zimmeranzeige (-n) newspaper-
    notice

der Zoo (-s) zoo
zu Hause at home
der Zucker sugar
zuerst at first
Zufrieden pleased, contented
der Zug (¨e) train
zuhören to listen
zuletzt at last
die Zunge (-n) tongue
zurück back
zurückkehren to return
zusammen together
zwanzig twenty
zwei two
der zweite the second one
zwischen between
zwitschern to twitter
zwölf twelve